国家高端智库重点课题"构建中国特色科技金融体系和多元化科技投入格局的政策机制研究（2024）"成果

中国特色科技金融体系

——理论、实践与政策

The S&T Finance System with Chinese Characteristics
Theory, Practice and Policy

张俊芳　苏　牧　张明喜　周代数◎著

科学技术文献出版社
SCIENTIFIC AND TECHNICAL DOCUMENTATION PRESS

·北京·

图书在版编目（CIP）数据

中国特色科技金融体系：理论、实践与政策 = The
S&T Finance System with Chinese Characteristics :
Theory, Practice and Policy / 张俊芳等著 . -- 北京：
科学技术文献出版社 , 2025. 5. -- ISBN 978-7-5235-
2516-6

Ⅰ . F832.1

中国国家版本馆 CIP 数据核字第 2025NK3674 号

中国特色科技金融体系——理论、实践与政策

策划编辑：王　睿　责任编辑：韩　晶　责任校对：宋红梅　责任出版：张志平

出　版　者	科学技术文献出版社	
地　　　址	北京市复兴路15号　　邮编　100038	
出　版　部	（010）58882909，58882087（传真）	
发　行　部	（010）58882868，58882870（传真）	
官 方 网 址	www.stdp.com.cn	
发　行　者	科学技术文献出版社发行　全国各地新华书店经销	
印　刷　者	北京厚诚则铭印刷科技有限公司	
版　　　次	2025 年 5 月第 1 版　2025 年 5 月第 1 次印刷	
开　　　本	710×1000　1/16	
字　　　数	173千	
印　　　张	17.25	
书　　　号	ISBN 978-7-5235-2516-6	
定　　　价	68.00元	

以科技金融之力，筑科技自立自强之基

在科技创新浪潮席卷全球、重塑经济格局的当下，科技金融成为推动国家发展、提升国际竞争力的关键力量。张俊芳研究员及其团队撰写的《中国特色科技金融体系——理论、实践与政策》一书，恰逢其时地为我们深入剖析这一关键领域提供了很有价值的指引。

多年来，中国科学技术发展战略研究院深耕科技金融研究与实践，从早期参与科技金融概念、制度的探讨，到推动相关政策的落地实施，见证了我国科技金融从萌芽初创到逐步壮大的艰辛历程。这期间，我们不断探索如何让金融更好地服务于科技创新，解决科技企业的融资难题，促进科技成果转化为现实生产力。然而，前行之路并非一帆风顺，科技金融在发展过程中面临着诸多挑战，如对科技金融特殊性的认识、科技需求与金融供给的矛盾、科技金融生态如何构建等。这些问题迫切需要系统研究和深入分析，本书正是在这样的背景下应运而生的。

中央层面高度重视科技金融工作，将其视为实现科技自立自强、推动经济高质量发展的关键一环。在中央金融工作会议上，科技金融被列为"五篇大文章"之首，这明确了科技金融在国家发展战略中的重要地位。会议强调科技金融要迎难而上、聚焦重点，为新时代科技金融工作指明了方向。这意味着科技金融不仅要服务于科技型中小企业，助力其成长壮大，而且要聚焦国家重大战略、关键核心技术攻关，为实现高水平科技自立自强提供坚实的金融支撑。党的二十届三中全会进一步强调构建同科技创新相适应的科技金融体制，为科技金融的发展提供了根本遵循。

本书主要分为理论篇、实践篇和政策篇三大部分。在理论篇，先介绍了新形势与新要求，从科技金融的基本内涵、主要特征及其与金融科技的辩证关系入手，深入探讨了科技、金融、产业相互作用的规律。作者通过梳理全球产业革命中金融与技术的协同发展脉络，清晰地揭示出重大金融创新与重大科技创新相互耦合对产业革命的催生作用，为我们理解科技金融的本质和发展趋势提供了坚实的理论基础。同时，本书通过对中国科技金融发展新趋势的分析，敏锐地捕捉到了数字化、精准化、融合化和政策工具非常态化的发展方向，使我们能够更好地把握时代脉搏，提前谋划科技金融的战略布局。

实践篇是本书的一大亮点。作者对我国科技金融发展的历史演进进行了全面梳理，从起步萌芽阶段的探索，到多元化探索阶段的尝试，再到顶层设计与快速发展阶段的推进，以及当前加速融合发展阶段的深化，每一个阶段都生动展现了我国科技金融在实践中不断摸索、逐步完善的过程。本书通过对上海、广州、深圳等典型地区科技金融发展经验的深入剖析，总结出政府搭建顶层设计、发挥财政资金引导作用、完善科技金融要素市场等可推广借鉴的模式，为其他地区提供了宝贵的实践范例。此外，书中对我国科技金融发展现状的分析，基于大量翔实的数据，客观地呈现了政策、创业投资、银行、科技保险和资本市场等方面的支持情况，同时也毫不回避地指出了面临的挑战，为后续政策制定和实践改进提供了精准的问题导向。

政策篇则围绕我国科技金融体系的完善，提出了总体思路，即目标和原则等方面的建议。从强化系统设计，构建协同工作体系，到围绕重大需求，精准支持科技创新重点领域；从深化科技金融改革，构建同科技创新相适应的科技金融体制，到推进金融机构专业化服务能力提升、加强区域引导示范和完善科技金融生态环境，每一条具体路径都具有很强的针对性和可操作性，为我国科技金融的未来发展绘制了清晰的蓝图。

回顾我国科技金融的发展历程，每一次突破都离不开理论创新、实践探索和政策引导。展望未来，科技金融领域前景广阔，但也挑战重重。随着全球科技竞争的持续加剧，科技金融将在推动前沿技术创新方面扮演更为关键的角色。在人工智能、量子信息、生物医药等战略性新兴产业，科技金融的深度介入将加速科研成果从实验室走向市场的进程，助力我国在这些领域实现弯道超车，抢占国际科技竞争的制高点。数字化转型也将为科技金融带来全新的机遇与变革。大数据、人工智能、区块链等技术的广泛应用，将极大提升金融服务的效率与精准度，打破信息壁垒，优化风险评估与管理，为科技型企业提供更加便捷、高效的融资渠道。同时，我们也要警惕数字化带来的新风险，加强监管与技术创新，确保科技金融在数字化浪潮中稳健前行。

本书不仅是对过往经验的系统总结，更是对未来发展的科学展望。我相信，本书将为政府部门制定政策、金融机构拓展业务、企业进行科技创新及科研人员进行深入研究提供重要的参考和借鉴。希望更多人能够关注科技金融领域，共同推动我国科技金融事业蓬勃发展。

王　元

原中国科学技术发展战略研究院常务副院长

中国科技金融促进会理事长

2025 年春

为构建和发展中国特色科技金融而探索

一

党的十八大以来，习近平总书记多次对金融支持科技创新作出指示。2013—2022 年，习近平总书记先后 10 余次对科技金融工作作出重要批示。2023 年 10 月，在中央金融工作会议上，习近平总书记强调，"科技金融要迎难而上、聚焦重点"。2024 年 6 月 24 日，在全国科技大会、国家科学技术奖励大会、两院院士大会上，习近平总书记强调"要做好科技金融这篇文章，引导金融资本投早、投小、投长期、投硬科技"。在党的二十届三中全会上，习近平总书记再次强调，要"构建同科技创新相适应的科技金融体制，加强对国家重大科技任务和科技型中小企业的金融支持，完善长期资本投早、投小、投长期、投硬科技的支持政策"。

习近平总书记对科技金融的重要指示批示为新时代、新征程做好科技金融工作提供了行动指南。为落实党中央、国务院关于科技金融工作的重要决策及部署，中国科学技术发展战略研究院张俊芳研究员等同人多次承担科技金融相关研究课题，在支撑国家科技金融发展重大决策及具体政策设计的同时，就科技金融的基础理论进行了探索和梳理，构建了中国特色科技金融理论体系。

二

本书是张俊芳研究员等以自己的课题研究成果为基础撰写的，分为上、中、下3篇，其中，上篇（理论篇）是他们对于中国特色科技金融理论的系统阐释；中篇（实践篇）是他们对于科技金融若干重要现实问题的认识；下篇（政策篇）是他们对于科技金融发展相关政策的思考。

在理论篇中，作者系统阐释了新形势与新要求（见第一章）；科技金融的基本内涵与主要特征，科技金融与金融科技的辩证统一（见第二章）；科技、金融、产业相互作用的规律认识（见第三章）；中国科技金融发展的新趋势（见第四章）。他们发现，重大金融创新与重大科技创新的相互耦合催生了产业革命；金融结构与产业发展类型的相互适应有利于促进经济发展；金融结构与技术创新路径的相互协调提升了创新效率；资金链与创新链的相互适应有利于技术扩散与产业化；政府在科技、产业、金融循环中发挥了协同资源的重要作用。同时，中国的科技金融运行机制已经数字化，服务对象已经精准化，发展趋势已经融合化，政策工具已经非常态化。

三

在实践篇中，作者认为，中国科技金融发展的历史演进经历了4

个阶段（见第五章），即起步萌芽阶段（1978—1993年）、多元化探索阶段（1994—2005年）、顶层设计与快速发展阶段（2006—2016年）、加速融合发展阶段（2017年至今）。作者还梳理了中国科技金融发展的现状（见第六章），其中对创业投资、银行、科技保险、资本市场等是如何支持科技创新的做了阐述。

作者梳理、分析了中国典型地区科技金融发展的经验（见第七章）。诸如，上海以国际化金融中心引领硬科技与跨境资本融合；广州以"创、投、贷、融"推动科技产业与金融一体化；深圳的科技金融对市场化驱动的企业全生命周期赋能；杭州依托数字金融和创业投资构建科技金融及创新高地；苏州推动产业链和金融深度服务制造业升级；武汉以光谷科创引擎强化政产学研金协同发展；合肥通过政府牵引打造科创产业集群；成都以西部数字化枢纽加快推进"四链"融合；西安依托硬科技和政策创新加速科技成果转化。

在实践篇中，作者还梳理、分析了中国科技金融发展面临的主要挑战（见第八章），一是科技需求与金融供给间存在五大矛盾；二是金融支持创新体系不足有着深层次原因；三是分别从供给侧和需求侧审视了科技金融面临的挑战。同时，作者还梳理、分析了科技金融发展的国际实践与启示（见第九章），诸如在供给侧，美国和德国的银行业、创业投资、保险业、资本市场都在着力支持科技创新；在需求侧，美国和德国的人工智能产业、量子信息产业、生物医药产业都得到了科技金融的扶持。

四

在政策篇中，作者思考了中国科技金融发展的总体思路（见第十章），诸如总体目标、基本原则。作者还思考了完善中国科技金融体系的重点方向与具体路径（见第十一章），诸如强化系统设计，构建协同工作体系；围绕重大需求，精准支持科技创新重点领域；深化科技金融改革，构建同科技创新相适应的科技金融体制；强化系统创新能力，大幅提升金融机构专业化服务能力；加强区域引导示范，夯实科技金融的制度基础；加快构建高水平开放的金融市场，完善科技金融生态环境。相应地，作者还梳理了我国国家级科技金融重点政策。

五

这是一本融合理论构建、实践梳理与分析，兼顾政策设计思考的科技金融专著，反映了作者对于中国科技金融的系统思考与认识。好作品也需要适当的人来读。作者是本书的"供给侧"，读者是本书的"需求侧"。二者恰当配置，才能使本书的出版发行产生更好的效果。

中国特色的科技金融理论，是科技金融研究者和管理者更为关心的问题。科技金融的实践问题和政策设计，是科技金融管理者、科技金融从业者及科技创新创业者更为关心的问题。综合考量，本书适合科技金融研究者、科技金融管理者、科技金融从业者及科技创新创业者阅读。作为本书出版前的读者，我相信读者群中的大多数人读了本书，都会从中得到启迪。

在人工智能技术迅猛发展的当下，算法编织的"信息茧房"正在包裹人类。当生成式 AI 开始批量生产文本，当知识获取变得如点击屏幕般轻而易举，人类正站在新的历史转折点上，我们比以往任何时候都更需要回归系统阅读。好作品所蕴含的人类思维精华，成为我们抵御技术异化的堡垒。

我们都是喜欢读书之人，那就拿起这本书读读吧！

雷家骕

清华大学经济管理学院教授

2025 年春

构建中国特色科技金融体系的时代使命与实践路径

在百年未有之大变局的背景下，科技创新已成为重塑全球竞争格局的核心变量。习近平总书记指出，科技是第一生产力，人才是第一资源，创新是第一动力。这一论断深刻揭示了科技创新在国家发展全局中的战略地位。而金融作为现代经济的血脉，其与科技的深度融合，不仅是推动高质量发展的关键引擎，更是国家间战略博弈的核心战场。在此背景下，《中国特色科技金融体系——理论、实践与政策》一书的编撰，正是立足中国实际、回应时代命题的一次系统性探索。

一、时代呼唤：科技金融——大国博弈的战略支点

当今世界，新一轮科技革命和产业变革加速演进，人工智能、量子计算、生物技术等颠覆性技术正重构全球经济版图。美国的《芯片与科学法案》、欧盟的《数字罗盘计划》、日本的《科学技术创新

综合战略》等相继出台，无不彰显发达国家通过科技金融手段巩固创新优势的决心。中国作为世界第二大经济体，研发经费投入强度已从 2000 年的 0.9% 跃升至 2023 年的 2.64%，但与美国（3.45%）、日本（3.26%）等国的差距依然显著。更严峻的是，我国金融体系与科技创新的适配性不足，资本市场对硬科技企业的包容性有限，银行信贷对初创企业的风险覆盖能力薄弱，财政资金的杠杆效应尚未充分发挥。这种"科技领跑、金融滞后"的结构性矛盾，已成为制约高质量发展的关键瓶颈。

本书通过对全球科技金融史的梳理发现，每一次产业革命的背后，都是金融创新与科技创新的深度耦合。蒸汽时代的商业银行、电气时代的投资银行、信息时代的资本市场，无不印证着"技术革命需金融革命先行"的规律。当前，我国正处于第四次工业革命的关键窗口期，唯有构建适配科技创新的金融体系，才能抢占技术制高点，赢得战略主动权。

二、理论突破：中国特色科技金融体系的构建逻辑

科技金融并非简单的"科技 + 金融"，而是科技创新与金融资本在制度、工具、机制上的深度融合。本书突破传统研究范式，从 3 个维度构建了中国特色科技金融的理论框架。

1. 内生性：金融与科技的共生演化

借鉴熊彼特的创新经济学与佩蕾丝的"技术 – 经济范式"理论，本书提出科技金融的本质是"技术资本、创新资本与企业家资本的三元融合"。这种融合不是单向的资本输血，而是通过金融工具的创

新（如投贷联动、知识产权质押）与制度设计（如科创板、政府引导基金），形成"科技—产业—金融"的良性循环。

2. 演化性：从政策驱动到市场主导的转型

我国科技金融发展历经 4 个阶段：1978—1993 年的起步萌芽阶段以政策性贷款为主；1994—2005 年的多元化探索阶段引入风险投资；2006—2016 年的顶层设计与快速发展阶段构建多层次资本市场；2017 年至今的加速融合发展阶段则强调数字化与生态化。这一演进路径表明，科技金融的制度安排需随技术进步与产业升级动态调整。

3. 系统性：多维主体的协同网络

科技金融体系由金融机构、科技企业、政府部门、中介机构等主体构成，其运行机制涉及资金融通、风险分散、创新激励等多个环节。本书通过合肥量子信息产业案例指出，政府牵引、院所支撑、资本赋能、企业转化的"四螺旋"模式，能够有效破解"死亡之谷"难题。这种系统性思维，为破解科技与金融的"两张皮"现象提供了方法论。

三、实践启示：中国科技金融的探索与经验

本书通过翔实的案例研究，提炼出中国科技金融发展的四大实践路径。

1. 区域创新试验田的差异化探索

（1）深圳模式：市场化驱动的全生命周期赋能。通过天使投资、创业板、知识产权证券化等工具，构建"基础研究＋技术攻关＋成

果产业化＋科技金融＋人才支撑"的全过程创新生态链。

（2）合肥模式：政府主导的产业集群。以京东方、长鑫存储等项目为牵引，形成"资本招商—产业集聚—技术突破"的良性循环，验证了"耐心资本"在战略性新兴产业培育中的作用。

（3）杭州模式：数字金融与创业投资的协同创新。依托阿里巴巴生态圈，发展数据资产质押、区块链金融等新业态，科技贷款余额突破万亿元大关。

2. 重点领域的精准突破

（1）聚焦重大项目与关键技术：围绕科技自立自强目标，加大对国家科技重大项目和关键核心技术攻关的金融支持，引导资金投向"大科技"领域，推动科技创新与产业升级协同发展。

（2）培育新兴与未来产业：加快培育壮大新兴产业，布局建设未来产业，凝练重点领域科技金融需求。通过设立专业化子基金，引导社会资本投入科技创新前沿领域和科技成果转化项目。

（3）完善多层次资本市场：构建功能互补、有机联系的多层次资本市场体系，发挥各板块差异化功能，支持科技型企业首发上市、并购重组等。例如，科创板强调"科技属性"，降低未盈利硬科技企业上市门槛，促进创新资本生态的形成。

（4）创新金融产品与服务：针对科技型企业特点，创新金融产品和服务模式。银行开发多种信贷产品，满足不同生命周期企业的融资需求；保险机构完善科技保险产品体系，提供覆盖企业研发、生产、销售等环节的保险保障；探索"投贷保联动"等新模式，如成都高新区的"股债通"，整合多方资源助力科技企业成长。

3. 数字技术的深度赋能

（1）提升金融资源配置效率：数字技术重塑科技金融循环基础，通过对多维数据的分析挖掘，提升金融服务实体经济的有效性和精准度。

（2）助力服务对象精准化：通过构建企业创新积分制等数字化评价方式，利用大数据对企业创新能力进行量化评估，金融机构可以更准确地筛选出具有发展潜力的科技型企业，为其提供全链条、全生命周期的金融服务。

（3）推动科技金融融合发展：金融科技的发展，如大数据、云计算、人工智能、区块链等技术在金融领域的应用，有助于解决科技金融工作中的痛点问题。科技金融体系的不断完善也为金融科技的发展提供了支撑，促进了金融产品和服务的创新。

4. 国际合作的开放创新

（1）加强国际金融市场联通：在全国范围推广跨境融资便利化政策，为科技类投资的跨境资金开辟绿色通道，支持科技型企业开展境外上市、发债、并购等业务。扩大股权私募基金跨境投资试点范围，优化 QFLP（合格境外有限合伙人）资金募集、汇兑及投资管理，规范 QDLP（合格境内有限合伙人）投资运作管理等，拓宽科技型企业的融资渠道，促进资本的跨境流动。

（2）引进国外先进经验与资本：积极学习借鉴国外科技金融发展的成功经验，如对中美、中德科技金融体系进行对比分析，借鉴美国在创业投资、资本市场等方面及德国在间接融资体系、财政投入体系等方面的经验做法。通过政策引导吸引境外资本参与中国科技创新，引导境外资本投向半导体、生物医药、人工智能等"硬科技"领域。

四、现实挑战：构建科技金融生态的必答题

尽管中国科技金融取得显著进展，但仍面临四大深层次矛盾。

1. 期限错配：资本短视与创新长周期的冲突

数据显示，我国科技企业平均研发周期为 7.3 年，而银行贷款期限普遍低于 5 年。这种期限错配导致"死亡之谷"现象频发，亟须发展长期资本工具（如创业投资、夹层基金）。

2. 产品单一：金融工具同质化现象严重

科技创新活动涵盖研究开发、小试、中试、工业生产、产业化、市场化等多个阶段，各阶段投资风险和需求差异大。但我国金融产品创新不足，同质化严重，银行信贷、科技保险等金融产品和服务趋同，降低了金融服务科技创新的效率和质量。创业投资"募投管退"面临不同程度的发展障碍，资本市场和并购市场不活跃、S 基金发展滞后等问题仍制约资本流动性。

3. 重点缺失：关键技术领域支持尚未破题

从投资领域看，对人工智能、量子科技等前沿关键技术领域的投资力度与美国等发达国家相比差距显著，量子科技领域在我国创业投资中占比微乎其微。从创新主体看，对国家科技重大任务、科技型中小企业长周期、普惠性、常态化的金融支持需进一步加强。

4. 制度藩篱：跨部门协同的效率损耗

科技金融涉及科技部、中国人民银行、中国证监会等 10 余个部门，政策协同不足导致资源碎片化。合肥"创新委"模式证明，建立跨层级、跨区域的统筹协调机制至关重要。

五、未来图景：中国特色科技金融体系的构建路径

本书提出"四维协同"战略框架，为科技金融发展指明方向。

1. 制度创新维度：构建"四梁八柱"的政策体系

由中央科技委员会统筹科技金融工作，建立多部门参与的部际统筹协调机制和合作机制，形成联动与监督落实机制。研究制定面向未来的顶层设计文件，进行政策一致性审查评估，确保科技金融工作的系统性和协同性。

2. 机制创新维度：构建与科技创新相适应的金融机制

（1）优化国有创业投资考核评价机制。

（2）扩大金融资产投资公司（AIC）股权投资试点范围。

（3）支持保险资金、社保基金等长期资本参与创业投资。

（4）优化银行长周期科技创新贷款绩效考核机制，研究完善科技创新并购贷款政策。

3. 机构创新维度：培育专业化市场主体

（1）设立国家创业投资引导基金，推动重大科技成果向现实生产力转化。

（2）鼓励银行设立科技金融事业部，试点"投贷联动"常态化机制。

（3）发展科技保险专营机构，开发研发中断险、技术替代险等新型险种。

（4）打造北京证券交易所科技型中小企业上市"特区"，设立国家并购基金，拓宽创业投资退出渠道。

4. 工具创新维度：打造数字化基础设施

（1）推广创新积分制，建设国家科技金融大数据中心，实现企业画像、风险预警、政策匹配的智能化。

（2）推广区块链技术在知识产权交易、供应链融资中的应用，构建可信科技金融生态。

六、结语：以金融之火点燃创新之光

站在新的历史方位上，科技金融肩负着服务国家战略、赋能产业升级、惠及亿万人民的历史重任。本书的出版，不仅是对过往实践的系统总结，更是对未来道路的深入思考。我们坚信，只要坚持"守正创新、问题导向、系统观念"，中国特色科技金融体系必将枝繁叶茂，为中国式现代化注入澎湃动能！

张俊芳

中国科学技术发展战略研究院

2025 年 3 月

上篇　理论篇

下篇　政策篇

附录

上 篇

理论篇

第一章

新形势与新要求

一、研究背景

党的十八大以来，习近平总书记多次对金融支持科技创新作出重要指示批示。2013 年 9 月，在主持十八届中央政治局第九次集体学习时，习近平总书记指出：要引导金融机构加强和改善对企业技术创新的金融服务，加大资本市场对科技型企业的支持力度。2013—2022 年，习近平总书记先后 10 余次对科技金融工作作出重要指示批示。2023 年 10 月，在中央金融工作会议上，习近平总书记将科技金融列为"五篇大文章"之首，并指出"科技金融要迎难而上、聚焦重点"。2024 年 6 月 24 日，在全国科技大会、国家科学技术奖励大会、两院院士大会上，习近平总书记再次强调，要"做好科技金融这篇文章，引导金融资本投早、投小、投长期、投硬科技"。在党的二十届三中全会上，习近平总书记作重要讲话，强调"构建同科技创新相适应的科技金融体制，加强对国家重大科技任务和科技型中小企业的金融支持，完善长期资本投早、投小、投长期、投硬科技的支持政策"。习近平总书记对科技金融的重要指示批示，为新时代新征程做好科技金融工作提供了根本遵循和行动指南。

为落实党中央、国务院关于科技金融工作的决策部署，进一步夯实科技金融发展的基础理论，中国科学技术发展战略研究院科技金融研究课题组多次承担相关理论与实践研究工作，积累了丰富的研究素材。

二、研究意义

（一）做好科技金融大文章是抢抓"战略机遇期"的重大战略部署

在新一轮信息技术产业变革中，以物联网、区块链、大数据、云计算、人工智能、量子计算等为代表的数字技术催生了一系列新技术、新产业、新模式，对全球经济社会发展的影响正在加速显现。随着信息技术向整个经济体系全面渗透，经济发展的引擎正在发生改变，这意味着率先抓住新技术革命机遇的国家能够形成新优势。

面对新兴产业、新兴技术和科技成果的不断涌现，过去的科技投入和科技创新资源配置方式已经远远不能满足需求，需要发起一场思想启蒙，进行一场认知上的革命。做好科技金融大文章，运用现代金融思维和新兴技术手段，不断提升金融支持科技创新的适配性，是抢占新一轮产业革命制高点的重大战略部署。

（二）做好科技金融大文章是竞赢大国博弈的重要战略支点

从当前国际形势看，大国博弈日益激烈，中美关系正在深刻影响全球政治、经济格局。放眼未来，中国、美国及其盟友、欧盟等国家和地区，围绕科技、产业、资本、人才、数据等要素配置势必形成新的国际关系。美国视中国为战略竞争对手，通过持续加大研发投入，健全科技金融体系和模式，全面提升本国的创新能力与竞争力，英国、日本等主要发达国家也纷纷加大研发投入（图 1-1），构建适宜科技创新的科技金融体系。相比而言，尽管中国 2023 年研发投入强度达到 2.64%，20 年间年均增速高达 15.3%，但累计投入量只有美国的 30%。同时，我国现有金融体系与科技创新的匹配度、金融服务科技创新的主动性等有待进一步提升。

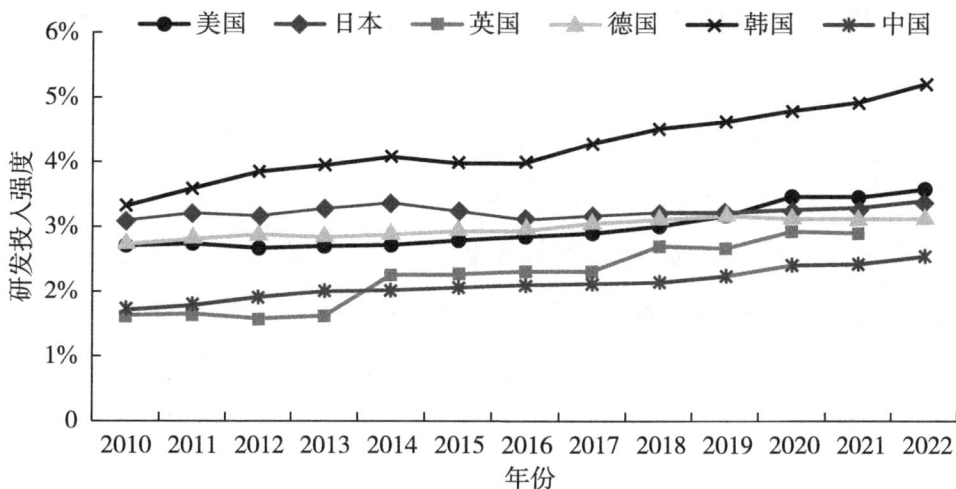

图 1-1　世界主要国家研发投入强度（2010—2022 年）

（资料来源：OECD数据库）

科技金融作为一个国家重要的战略资源，是大国博弈与国家竞争力提升的战略支点。做好科技金融大文章，是全面提升国家整体竞争力、牢牢掌握发展主动权的先决条件。

（三）做好科技金融大文章是促进高质量发展的内在需求

经济发展是一个技术、产业乃至金融模式不断变迁的过程。要实现高质量发展，培育新质生产力，需要加速构建与现阶段发展相适应的经济要素配置结构。过去，我国金融体系、技术增长路径有效支撑了粗放式、要素投入型经济增长。当前，我国经济结构已经发生变化，扎实推进高质量发展，传统的金融模式已经无法适应新的经济增长模式和技术路径转型。2022年，我国财政科技支出仅占全国公共财政支出的4.27%，财政投入的"天花板"决定了必须发挥金融资本支持科技创新和产业发展的重要作用。我国财政科技支出情况如图1-2所示。

同时，我国金融资本尚不足以支撑高水平科技自立自强建设。金融投入实体产业，特别是投入科技型企业的资金总量不足，融资结构有待优化，资金配置效率偏低，难以满足高质量发展的内在需求。做好科技金融大文章，构建同科技创新相适应的科技金融体制，加强对国家重大科技任务和科技型中小企业的金融支持，是稳定经济增长、加快构建新发展格局、推动经济高质量发展的核心命题。

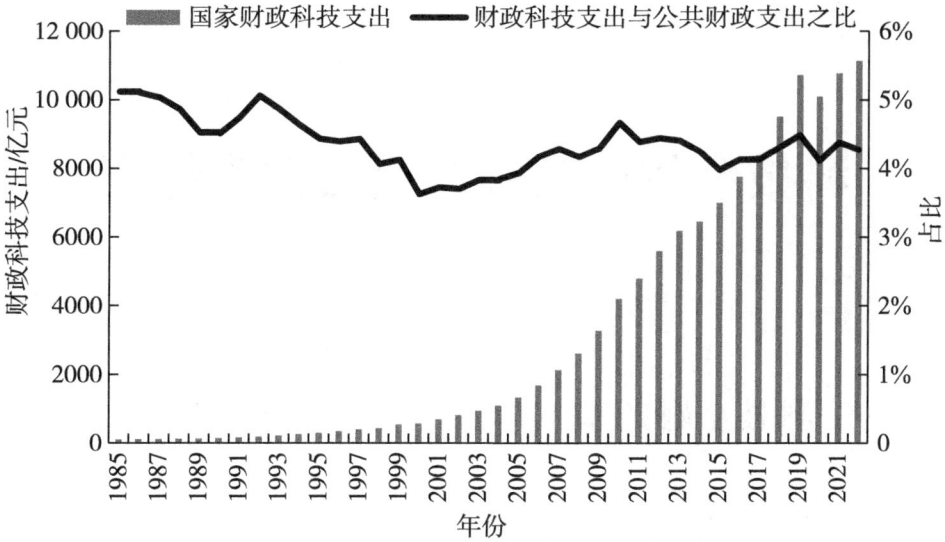

图 1-2　我国财政科技支出情况（1985—2022 年）

（资料来源：历年《中国科技统计年鉴》）

第二章

科技金融的基本内涵与主要特征

一、科技金融的基本内涵

在国外，无论是理论界还是实务界，虽没有"科技金融"的独立概念和完整范畴，但关于其内涵和本质的理论可追溯到熊彼特的创新经济学。熊彼特在 1911 年出版的《经济发展理论》中提出：创新是把一种新的生产要素和生产条件的"新结合"引入生产体系。熊彼特的创新理论把重大创新与资本主义经济范式联系起来，强调了技术创新在经济范式变化上的重要推动作用。此后的创新经济学研究学者均强调了资源配置的作用，卡萝塔·佩蕾丝系统揭示了技术创新与金融资本的基本经济范式。演化经济学家马祖卡托分析了创新型经济中技术创造与金融部门的相互作用。

作为具有中国特色的政策概念和术语，"科技金融"起源于改革过程中探索财政、金融支持科技和经济发展的实践活动。中国最早的科技金融工作始于 1985 年的科技体制改革，《中共中央关于科学技术体制改革的决定》提出，要设立创业投资、开办科技贷款，以有效提升金融与科技创新活动的关联性，切实推动金融支持科技创新活动。在此后相当长一段时间里，"科技金融"通常作为"科技与金融结合"的缩写出现。在学术上，"科技金融"最早出现在中国科技金融促进会在1994年召开的首届理事扩大年会上，"我国科技金融事业是根据科技进步与经济建设结合的需要，适应社会经济的发展，在科技和金融体制改革的形势推动下成长发展起来的"。王元等认为，科技创新和金融发展之间具有很强的耦合关系，因此，要积极为科技创新提供更多的、可供选择的投融资方式。赵昌文等（2009）认为，科技金融是促进科技开发、成果转化和高新技术产业发展的一系列金融工具、金融制度、金融政策与金融服务的系统性、创新性安排，是由向科学与技术创新活动提供融资资源的政府、企业、市场、社会中介机构等各种主体及其在科技创新融资过程中的行为活动共同组成的一个体系，是国家科技创新体系和金融体系的重要组成部分。房汉廷（2015）认为，科技金融是以培育高附加值产业、创造高薪就业岗位、提升经济整体竞争力为目标，促进技术资本、创新资本与企业家资本等创新要素深度融合、深度聚集的一种新经济范式。

课题组认为，随着科技金融工作的开展，科技金融的内涵不断丰富。狭义而言，科技金融是指综合运用贷款、债券、股权、保险等手段，创新金融产品，改进金融服务模式，搭建金融服务平台，实现科技创新链条与金融资本链条的有机结合，为各类创新主体的科技创新活动提供全链条、全生命周期、多元化接力式金融服务的系统性安排。企业生命周期和资金链如图2-1所示。

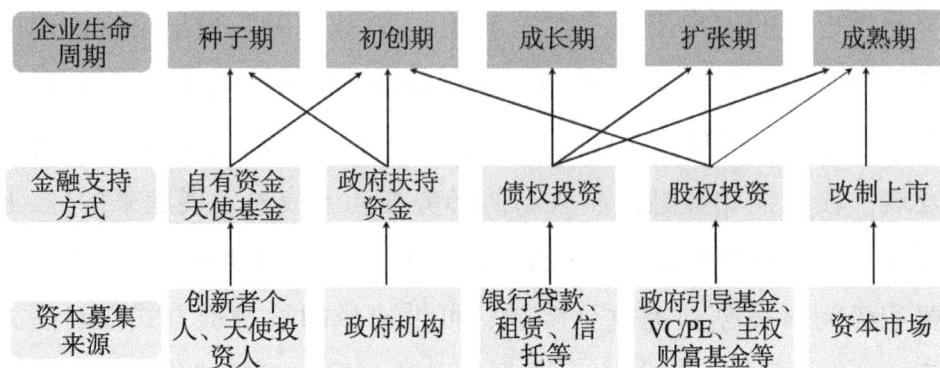

图 2-1　企业生命周期和资金链

广义而言，科技金融是以促进科技创新发展和增强经济竞争力为目标的多元化投融资体系，是科技创新与创新资本深度融合的新经济范式。科技金融的本质包括从微观到宏观的多重属性——微观层面的"金融工具"属性，中观层面的"创新政策"属性，宏观层面的"经济范式"属性。

二、科技金融的主要特征

结合科技金融的本质与内涵，研究认为，科技金融的属性由科技创新活动的属性决定，具备以下特征。

1. 内生性

熊彼特的创新经济学理论认为，技术创新是经济发展的内生变量。佩蕾丝针对技术革命与金融资本的"技术－经济范式"研究指出：技术革命是新经济模式的引擎，金融是经济模式的燃料，科技金融是一种新的经济范式，二者结合就是新经济模式的动力所在。因此，从本质上而言，科技金融就是一种促进技术资本与企业家等创新要素深度融合和聚合的经济范式（房汉廷，2015），科技金融是金融系统的一个子集，是国家创新体系的重要组成部分（赵昌文 等，2009）。科技金融是内生于经济发展过程中的（张明喜 等，2018）。从熊彼特早期的创新理论，到后来的内生经济增长模型、创新经济学理论及金融发展理论，都说明了金融资本及其创新内生于经济发展过程。

2. 演化性

创新作为将"新组合"纳入生产体系的过程，本质上是不间断的演化过程。从微观层面来说，科技金融表现为一种创新活动，承袭了创新活动本身的动态性特征。从中观层面来说，科技金融作为一种政策设计和制度安排，是随着社会经济发展不断调整、优化、演进的。从宏观层面来说，科技金融作为一种经济范式，随着旧经济社会体制不能适应新技术、新经济的发展，这种旧的范式也会被打破或颠覆，进而形成新的范式。与佩蕾丝总结的技术经济范式与金融资本创新相互作用的演化关系类似，从我国科技金融发展实践看，科技金融体系从最初的政策性、单一性为主导发展到当前的政策性与市场化结合、各类要素共生，体现了科技金融的演化性特征。

3. 多元性

科技金融作为促进科技开发、成果转化和产业发展的一系列金融工具和制度安排，包括：①以财政科技投入、税收政策为代表的财政类资源；②以国家开发银行为代表的开发性、政策性金融体系；③以银行、担保、保险为代表的间接金融体系；④以多层次资本市场和创业投资为代表的直接融资体系。科技金融具备政策性和市场化属性，以及二者融合所形成的混合性要素结构。技术创新与金融资本交互影响，科技创新链与金融资本链有机结合，共同促进创新经济发展。因此，科技金融的属性既包括政策性属性，也包括市场化属性。

4. 风险性

作为科技与金融结合的制度安排，科技金融天然具有风险性，这是由金融资本和产业资本的内在属性决定的。从政策实施看，风险性体现在具体产业经济领域或创新活动应用过程中产生的"政策扶持悖论"上（如政策性科技金融对私人资本创新投入的挤出效应，企业对政府投入或扶持政策的路径依赖，以及少数产业投资过热、产能过剩甚至骗补现象）。从经济属性看，风险性体现在"技术－经济""经济－金融"等领域存在的"市场失灵""制度失灵""系统失灵"上。从发展过程看，风险性既表现为金融的不断创新与创新活动、实体经济的偏离，也表现为受外部因素干扰导致作用效果的偏差。

5. 系统性

科技金融是个复杂系统，其参与主体多元、运行机制复杂，与经济社会系统密切互动。科技金融涉及众多不同类型的参与主体，金融机构主体包括银行、证券、保险等传统金融机构及风险投资机构、私募股权基金等新兴金融机构，科技企业涵盖了从初创期到成熟期的各类科技型企业，政府在科技金融体系中发挥着重要的引导和支持作用，还包括科技评估机构、知识产权服务机构、会计师事务所、律师事务所等各类中介机构。运行机制涉及多个环节和过程，包括资金融通机制、风险分散机制、创新激励机制、信息传递机制等，各个环节之间相互作用。科技金融促进科技创新和产业优化升级，同时对社会发展产生积极影响。

三、科技金融与金融科技的辩证统一

通常，人们会混淆"科技金融"与"金融科技"的概念。事实上，两者有着本质区别，但又相互交融。

金融科技（financial technology，FinTech）指通过利用各类科技手段创新传统金融行业所提供的产品和服务，提升效率并有效降低运营成本。根据金融稳定理事会（FSB）的定义，金融科技是基于大数据、云计算、人工智能、区块链等一系列技术创新，全面应用于支付清算、借贷融资、财富管理、零售银行、保险、交易结算六大金融领域，是金融业未来的主流趋势。

辨析"科技金融"与"金融科技"可以发现，两者的落脚点不同，在主要目标、服务对象及主要手段/工具、作用路径等方面均存在明显差异（表2-1）。

表2-1　科技金融与金融科技概念辨析

类别	科技金融	金融科技
主要目标	提升国家科技创新能力	提升金融服务效率，降低成本
服务对象	科技型企业	金融行业
主要手段/工具	创新金融产品、改进金融服务模式、搭建金融服务平台等	采用大数据、云计算、人工智能、区块链等一系列技术创新
作用路径	通过运用贷款、债券、股权、保险等手段，为各类创新主体的科技创新活动提供全链条全生命周期、多元化接力式金融服务的系统性安排	通过利用各类科技手段创新传统金融行业所提供的产品和服务，提升效率并有效降低运营成本

传统意义上，金融的难点在于解决信息不对称，这也是科技金融工作中的痛点，是金融难以匹配科技型企业需求的关键。随着金融科技的发展，已经开始通过科技手段，解决金融中的风险和信用评价问题。换言之，金融科技的发展，在一定程度上有利于解决科技金融工作中的痛点问题，促进了科技金融发展。科技金融体系的不断完善有利于科技创新，在一定程度上推动了金融科技的发展。科技金融与金融科技的发展已经相互渗透、互为补充，实现了高度统一。

第三章

科技、金融、产业相互作用的规律认识

纵观世界主要国家发展历程，科技、产业、金融的良性循环互动有利于促进国家经济、科技和社会总体发展。

一、重大金融创新与重大科技创新的相互耦合催生了产业革命

关于科技与金融间的相互作用，经济学家佩蕾丝首次从历史的维度系统阐释了技术周期与金融资本间的关系，提出"技术革命所带来的转型过程会影响到社会的各个方面。在技术革命的前半期，金融资本是扩散过程的动力，推动了技术革命；在后半期，生产资本在增长过程中发挥作用，深刻而广泛的转型必然发生，包括技术创新、金融和制度领域的创新，这些创新决定了技术革命能释放多少潜力，以及如何分配经济和社会利益"。金融资本和产业资本在不同阶段的互动关系如图 3-1 所示。

从历史上看，全球历次产业革命中，金融和技术始终相伴相生。18 世纪下半叶，英国依靠技术优势推动工业发展；同时，国家资本与军事力量增强驱动贸易发展，财富的积累带来了商业银行的全面

兴起，并进一步推动技术发展。19世纪中期，美国投资银行的兴起带来资本市场的繁荣，提高了资金配置效率，推动了金融结构变化，带来了电气化的繁荣，催生了第二次产业革命。20世纪下半叶，各种金融衍生工具为以信息技术为代表的新兴产业的发展提供了全方位支持，信息技术的快速发展反过来又帮助资本实现快速积累，助推了金融服务实现更高效的资本配置，形成了良性循环（表3-1）。

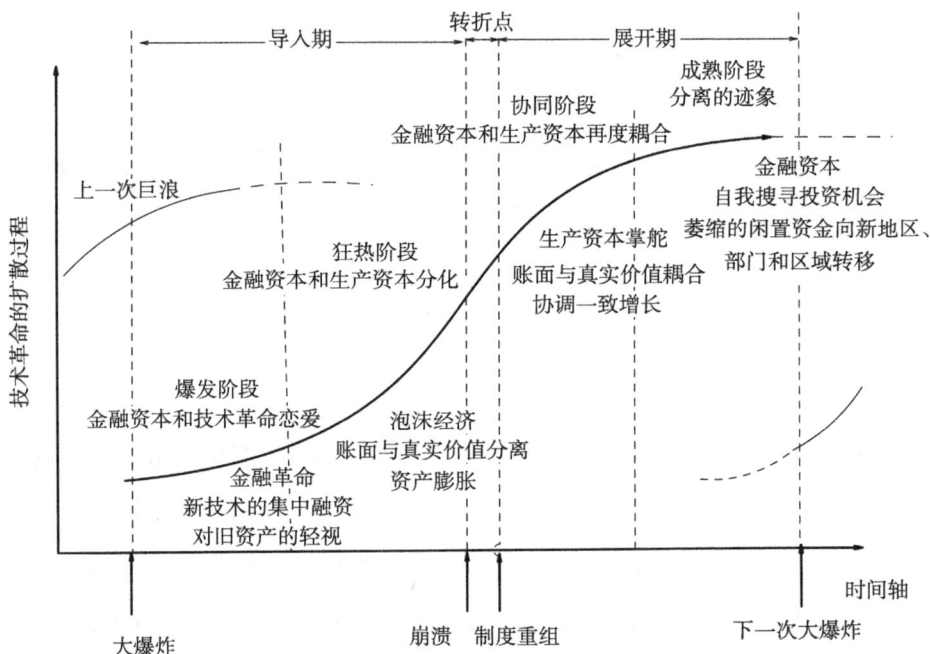

图3-1 金融资本和产业资本在不同阶段的互动关系

表 3-1 产业革命、技术革命与金融创新

产业革命	技术革命	核心区域	关键投入	引领的金融创新活动
第一次产业革命（1771—1874 年）：机械生产方式的革命，轻工业体系	第一次技术革命（始于 1771 年）：产业革命时代	英国	生铁、棉花	国家债券发行推动贸易输出，形成全球资本回流与国家财富积累
	第二次技术革命（始于 1829 年）：蒸汽和铁路时代	英国（扩散到欧洲大陆和美国）	铁、煤	商业银行快速发展，贸易中心与财富积累促成英国成为金融中心
第二次产业革命（1875—1971 年）：大批量生产方式的革命，重化工业体系	第三次技术革命（始于 1875 年）：钢铁、电力时代	美国和德国追赶并超越英国	钢铁、电力	商业银行提供大额信贷，创新投资银行兴起
	第四次技术革命（始于 1908 年）：石油、汽车和大规模生产时代	美国（扩散到欧洲）	石油、天然气、合成材料	创业投资兴起，资本市场逐步形成，纽约成为新金融中心
第三次产业革命（1972—?）：信息化革命、智能化时代?	第五次技术革命（1971—?）：信息和远程通信时代	美国（扩散到欧洲和亚洲）	信息、数据、芯片	创业投资繁荣发展，资本市场体系化能力形成
	第六次技术革命（2000—?）：智能化时代	美国、日本、欧盟、中国	AI、物联网、智能制造	金融业务进入数字化决策与服务时代，专业化、多层次金融服务兴起

资料来源：

弗里曼，卢桑. 光阴似箭：从工业革命到信息革命 [M]. 北京：中国人民大学出版社，2007：145-146.

佩蕾丝. 技术革命与金融资本[M]. 北京：中国人民大学出版社，2007：18-19.

工业革命往往始于科技创新、成于金融创新，正在演进中的第四次工业革命也不例外，甚至其规律、特征更加明显。金融创新只有适配新工业革命和工业现代化的节奏，才能更好地支持实体经济。在新一轮信息技术产业变革中，我国和发达国家基本处于同一起跑线，应当主动调整提升金融对科技产业的适配性，抢占新一轮产业革命制高点。

二、金融结构与产业发展类型的相互适应有利于促进经济发展

金融结构是指一个经济体中金融体系的构成及其各组成部分之间的相互关系和比例特征，通常采用金融体系中直接融资规模与间接融资规模的比例来衡量。大体而言，金融结构可以分为市场主导型（以美国、英国为代表）和银行主导型（以日本、德国为代表）。金融结构会影响产业融资的多寡和时效性，产业结构对金融工具和金融结构提出需求，需要金融进行相应调整。从金融结构的演化来看，各国情况存在明显差异。随着新一代信息技术、生物医药等产业的快速发展，美国"轻资产"产业在经济中的比重快速上升，促进了与之适应的创业投资、多层次资本市场的发展，直接融资在金融结构中的比重快速上升，美国逐步成为以直接融资为主的国家。德国以发展"重资产"制造业为主，尽管直接融资占比大幅提升，但间接融资仍是其主要融资渠道。

相比而言，我国正在由工业主导向服务业主导转化，逐步迈向后工业化阶段。2020年我国第一、第二、第三产业增加值占国内生

产总值比重分别为 7.7%、37.8% 和 54.5%，金融结构更接近德国，即间接融资占据主要地位，正逐渐向直接融资模式转变。美国、德国、中国的金融结构及产业结构（1975—2019 年）如图 3-2 所示。

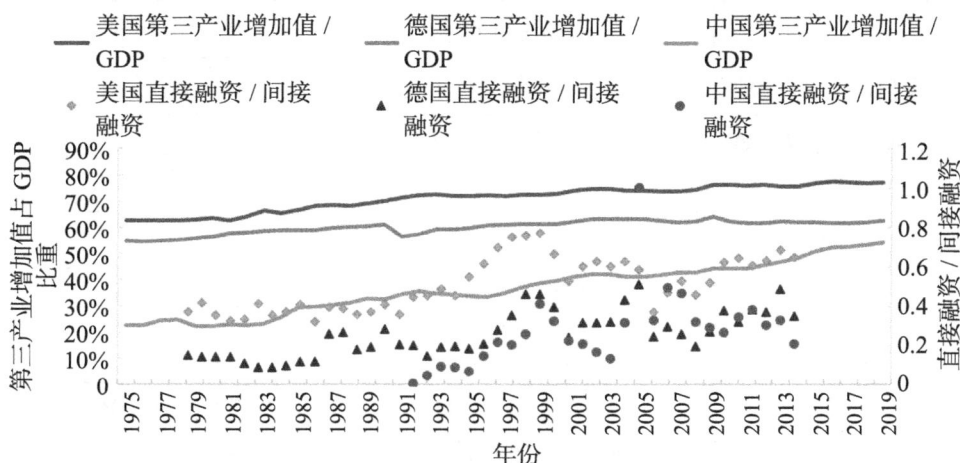

图 3-2　美国、德国、中国的金融结构及产业结构（1975—2019 年）

（资料来源：世界银行数据库）

三、金融结构与技术创新路径的相互协调提升了创新效率

一般而言，直接融资模式对风险较大的创新活动具有特别优势，在推动新兴产业建立和技术－经济范式转型方面效率更高，往往能够催生出颠覆式的创新活动。相比之下，间接融资模式更适用于成熟的技术扩张，倾向于渐进式的创新路径（表 3-2）。以美国和德国为例，美国发达的直接融资（特别是创业投资）催生了大量新兴产业，带动了技术创新的繁荣，使其处于颠覆式创新的前列；同

为创新强国的德国更加重视技术开发，提倡精益求精的持续改进，属于渐进式创新。

表 3-2 金融结构和创新模式的适配性 [1]

金融结构	市场主导型	银行主导型
银行信用 / 股市市值	低	高
信用和所有权的集中度	低	高
资本成本	低	高
主要创新类别	颠覆式创新	渐进式创新
创新阶段	引领阶段	赶超阶段
创新模式	强风险资本市场 "熊彼特式"的创造性破坏理论 高风险投资 高概率的突破式创新 有效率的劳动力市场匹配	有限利用风险资本 缓慢的创造性破坏 投资风险广泛传播 渐进式的技术开发模式 持续性的员工学习
适合的技术创新特征	较高风险和多元信息条件下的技术创新	较低风险和单一信息条件下的技术创新
主要产业类型	新兴产业	成熟产业
技术－经济周期	催生技术浪潮或革命爆发	技术浪潮或革命的扩展与成熟

在过去 40 多年的追赶发展过程中，我国形成了依赖引进、模仿、吸收新技术和新设备快速满足庞大市场需求的传统发展模式，总体创新基础相对较弱。随着我国经济发展进入新常态及对高质量

---

[1] 此特征为群体特征画像，不完全适用于个案。

发展的追求，这种低端式的创新已经难以为继。中国要完成双重转型任务，实现科技自立自强，摆脱关键领域核心技术受制于人的局面，就迫切需要调整科技创新路径：一方面，通过发展高水平的渐进式创新，快速积累技术基础；另一方面，加快布局颠覆性技术和前沿技术，加强颠覆性技术和原创性创新成果供给。相应地，金融结构也需要做出调整，优化间接融资、创新直接融资，构建直接融资与间接融资相匹配的金融结构，促进金融资源与科技资源对接和整合。

四、资金链与创新链的相互适应有利于技术扩散与产业化

从技术创新生命周期看，技术创新可分为技术研发、技术中试、技术商品化、技术产业化4个阶段。不同的技术阶段，进入的资金量不同。随着技术的不断成熟，风险有所下降，更容易吸引低风险偏好的金融资本。通常，在技术研发初期，以自有资金、政府资金等为主。在技术中试阶段，以政府资金、天使投资、创业投资为主。在技术商品化阶段，以天使投资、创业投资为主。在技术产业化阶段，完成创新链向产业链的融合，可能会带来私募股权投资、银行贷款、资本市场等金融资本大量涌入（表3-3、图3-3）。需要注意的是，创新发展的融资模式是动态演进的，金融资本在支持创新链的过程中除了要把握商业周期外，还需要准确评估技术发展阶段，以免产生金融泡沫。

表 3-3　技术发展周期与资金来源

类别	技术研发	技术中试	技术商品化	技术产业化
产品特征	产品概念设计	产品试制	产品商品化	产品质量管理
风险特征	技术风险、融资风险	技术风险、融资风险、产品风险	产品风险、市场风险、管理风险	经营风险、产品风险、市场风险
资金需求	较小	较大	较大	较大
资金来源	自有资金、政府资金	政府资金、天使投资、创业投资	天使投资、创业投资	私募股权投资、银行贷款、资本市场、并购

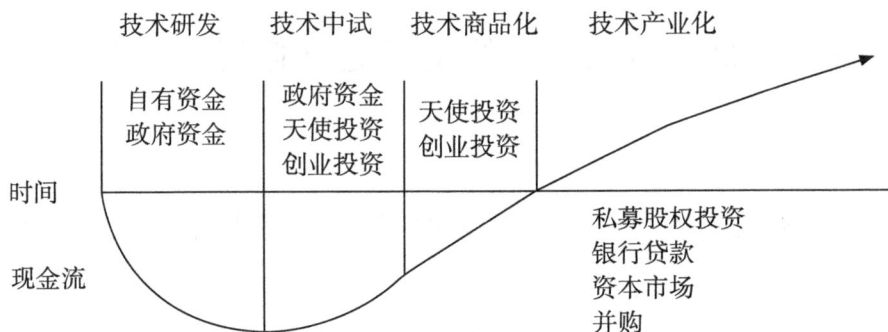

图 3-3　技术创新与外部资本间关系示意

相比而言，当前我国金融端供给与技术端需求尚不匹配，资金链与创新链适配性不强，资本大量集中在技术产业化阶段，而对于关键核心技术的技术研发到技术商品化的前期阶段，资金支持严重不足。

五、政府在科技、产业、金融循环中发挥了协同资源的重要作用

从国际经验来看，政府在科技、产业、金融循环中发挥了重要作用。在统一的目标下，科技创新活动、产业发展与金融资源配置自然结合、相得益彰。

以美国为例，其科技、产业、金融决策体系相对分散，但美国通过专业委员会、行业政策联盟、专项行动计划等模式，构建了跨部门的科技金融互动协调机制。例如，1957 年，美国总统艾森豪威尔成立了总统科学顾问委员会（PSAC），其重要职能之一是"对国家关键产业领域提供发展咨询和协调建议"，金融研究办公室（OFR）、国防高级研究计划局（DARPA）、商务部国家标准与技术研究院（NIST）3 家机构有权质询科技咨文的发布，保障了科技政策、产业政策、金融政策目标的一致性。1990 年开始实施的美国先进技术计划（ATP）本身就是一项"金融—科技—产业"联动协调机制，旨在动员政府和私人资本共同参与应用型技术的产业孵化。从 20 世纪末到 21 世纪初美国实施的一系列高技术发展计划来看[①]，科技与金融的互动协调机制已趋成熟。例如，2021 年美国联邦政府在《美国创新与竞争法案》中运用政府拨款、基金、债券等多元化方式支持美国高技术研发。

从德国实施的"产品更新计划""东西部研究任务计划""创新地区计划（2001）""新联邦州尖端研究与创新计划""2020 创新伙

---

① 　如"美国先进技术计划""美国技术政策蓝皮书""国家信息基础设施：'信息高速公路'行动计划""21 世纪信息技术计划"等。

伴关系计划"等重大国家科技计划来看，相关计划中都有银行的参与。值得一提的是，参与相关计划的德国银行多数具有信贷、投资的混业经营职能，使得银行在支持科技企业发展方面具有"全能银行"的属性①。

相比而言，近年来，我国虽然大力推动科技与金融之间的融合，但没有达到同频共振，二者的体制改革同步、匹配、协调程度不足，一定程度上存在分散、割裂的问题，尚未形成强大合力与制度优势。

---

① 德国19世纪中后期逐步形成商业银行（私人所有的银行）、储蓄银行部门（国有或公共银行）和信用社（合作制银行）的三支柱银行框架，银行在德国的金融体系中居主导地位。

第四章

中国科技金融发展的新趋势

我国科技金融经过 40 余年的发展，已经构建了具有中国特色的科技金融体系。总体来看，我们认为，中国科技金融正在向"运行机制数字化、服务对象精准化、发展趋势融合化、政策工具非常态化"发展。

一、运行机制数字化

在新一轮科技革命和产业变革的大背景下，以科技创新为基础的数字化将成为我国产业高质量转型升级和经济发展的重要方向，数据要素正在重塑科技金融循环的基础。数字技术深刻改变了生产函数，要素投入、组合约束条件、运行机理等随之发生变化，数据作为生产要素参与产品和价值创造，算力算法作为核心生产工具决定生产效率和效益，生产方式等正在发生质的变化。数字化有效提升金融资源配置效率，通过多维数据的分析挖掘，提升金融服务实体经济的有效性和精准度。数字化拓展了金融服务边界，通过将数据要素应用在各类创新场景中，更有利于捕捉个人和企业潜在需求，丰富金融服务内涵。数字科技革命变革了传统的生产工具，重构了产品内容，推动了产业体系质量变革、效率变革和高质量发展，也带来了科技金融与金融科技的加速融合。

二、服务对象精准化

党的二十届三中全会首次在政府文件中明确了当前阶段科技金融的主要服务对象：一方面，要服务于量大面广的科技型中小企业，为其提供全链条、全生命周期的金融服务；另一方面，在当前国际形势下，科技金融工作也要聚焦重点，聚焦国家重大战略、重点领域、重大科技任务，以及薄弱环节。对国家科技重大任务、关键核心技术攻关、战略科技力量建设等给予全方位金融支持，助力国家在重要科技领域取得突破，提升国家的科技实力和竞争力。

三、发展趋势融合化

党的二十届三中全会在《中共中央关于进一步全面深化改革推进中国式现代化的决定》中"深化科技体制改革"和"深化金融体制改革"章节里均提出深化科技金融改革的重要举措，首次明确了科技金融的工作范畴。推动科技金融改革，既是促进产学研用深度融合、提高科技成果转化效率的客观要求，也是深化金融供给侧结构性改革、促进金融业自身高质量发展的内在需求。科技金融既是科技体制改革的重要内容，也是金融体制改革的重要内容。

四、政策工具非常态化

面对大国竞争，解决关键核心技术问题和实现科技自立自强，意味着需要在发展好常态化科技金融的基础上，构建国家主导的非常态化科技金融体系。常态化的科技金融主要表现为"融资中性"，即在发挥市场配置资源决定性作用的基础上，通过政策性嵌入和商业模式创新，实现金融活动与科技创新活动的风险收益结构平衡。构建非常态化的科技金融体系，主要使用"压缩式追赶型金融工具"，要用金融来换时间、补短板、拓市场，构建与新型举国体制相适应的金融制度安排。具体而言，可考虑在产业投资基金、超长期特别国债、"卡脖子"产品保险、大银行特色部门等方面发力。

中 篇

实践篇

第五章

中国科技金融发展的历史演进与时代特征

大体而言，我国科技金融发展经历了 4 个历史阶段。

一、起步萌芽阶段（1978—1993年）

1978 年，党的十一届三中全会确立了以经济建设为中心的新时期基本方针。在全国科技大会上，邓小平明确指出"现代化的关键是科学技术现代化"。这是新中国第一次把现代化与科学技术紧密联系起来。1979 年 10 月 4 日，邓小平在省（自治区、直辖市）党委第一书记座谈会上指出："银行应该抓经济，现在只是算账、当会计，没有真正起到银行的作用。"1979 年 10 月 8 日，邓小平再次指出："银行要成为发展经济的、革新技术的杠杆，要把银行办成真正的银行。"1982 年 10 月，全国科学技术奖励大会提出"经济建设必须依靠科学技术，科学技术工作必须面向经济建设"。1984 年，国家科委科技促进发展研究中心组织开展了"新的技术革命与我国的对策"研究，提出了建立创业投资机制促进高新技术发展的建议。同年，中国工商银行率先突破传统业务领域，正式开办科技开发贷款业务。1985 年，中共中央作出的《关于科学技术体制改革的决定》

明确提出"要广开经费来源，鼓励部门、企业和社会集团向科学技术投资""对于变化迅速、风险较大的高技术开发工作，可以设立创业投资给以支持"。1985年9月，以国家科委和中国人民银行为依托，国务院正式批准成立了中国境内第一家创业投资公司——中国新技术创业投资公司。技术市场也由此诞生，开启了市场化的科技成果转移转化进程。1985年10月，中国人民银行与国务院科技领导小组办公室联合发布了《关于积极开展科技信贷的联合通知》，以财政贷款贴息为政策抓手，拉开了中国科技贷款的帷幕。10年时间，中国工商银行等五大国有银行累计发放科技贷款超700亿元，支持了近7万项科技开发项目。

这一时期的主要特征，是以计划经济为主，科技体制改革刚刚提上日程，科技金融创新的工具、基础设施、金融市场等方面尚处于起步阶段，一些金融服务于科技的主体要素已经出现，金融机构对科技发展的推动作用被逐步认识。

二、多元化探索阶段（1994—2005年）

市场经济建设初期，科技必须进一步加强与经济的结合成为新的科技发展方针。在这个历史背景下，1994年，中国科技金融促进会首届理事会上正式采纳"科技金融"一词。同年，国家经贸委、财政部创办了中国第一家以促进科技进步为主要目标，以人民币经济担保为主业的全国性银行金融机构——中国经济技术投资担保公司。1996年，《中华人民共和国促进科技成果转化法》颁布，提出"国家鼓励设立科技成果转化基金或者风险基金，其资金来源由国家、地方、企业、事业单位以及其他组织或者个人提供，用于支持高投入、高风险、高产出的科技成果的转化，加速重大科技成果的产业化"。1998 年，民建中央在全国政协会议上提出"一号提案"《关于借鉴国外经验，尽快发展我国风险投资事业的提案》。同年，首批中国高新技术产业开发区企业债券成功发行。1999 年，正式启动科技型中小企业技术创新基金，国务院办公厅转发了科技部、国家计委、国家经贸委、财政部、中国人民银行、税务总局、中国证监会等部门制定的《关于建立风险投资机制的若干意见》，为推动我国创业投资事业发展、促进科技型中小企业自主创新发挥了重要作用。1997 年和 2003 年国家开发银行先后发行了两期捆绑式国家高新区企业债券，支持国家高新区建设。资本市场向多层次迈进，2004 年，深圳证券交易所推出中小企业板，促进科技成果上市融资。

这一时期的主要特征是市场化改革。伴随着市场化改革的深入，特别是金融市场的改革与完善，资本市场与科技金融生态的股权融资渠道不断丰富。科技金融生态的主体进一步完善，支持科技发展的金融工具逐步增多，出现了政府引导基金、创业投资、科技贷款、开发性金融、科技担保、中小板融资、债权融资等多种融资方式。

三、顶层设计与快速发展阶段（2006—2016年）

2006 年，《国家中长期科学和技术发展规划纲要（2006—2020

年）》（简称《规划纲要》）颁布，在《规划纲要》及其配套政策中，涉及科技金融的政策多达 9 项。规划纲要的颁布，标志着中国科技制度创新开始进入新阶段。在这个周期内，市场的"无形之手"与政府的"有形之手"分工更加清晰，前者在资源配置上逐步从基础作用上升为决定性作用，后者逐步从决定性作用转变为规划、引导、监管、服务的综合作用。科技金融已经成为创新驱动发展的"牛鼻子"，政府资源配置、市场资源引导、创新创业激发，无不需要科技金融唱主角，科技金融成为科技部门和金融部门共同的事业。

政策层面，2011 年，科技部会同"一行三会"等部门出台了《关于促进科技和金融结合加快实施自主创新战略的若干意见》，并成立了促进科技和金融结合试点工作部际协调指导小组，评选出首批 16 个科技金融试点城市，深入推动科技金融工作。同年，设立了国家科技成果转化引导基金。2014 年，国务院印发《关于深化中央财政科技计划（专项、基金等）管理改革的方案》，对中央层面的各类专项进行改革，进一步优化中央层面的专项基金。2016 年，《国家创新驱动发展战略纲要》对科技金融工作做出重要部署。

这一阶段主要以顶层设计的构建为标志性特征。科技部与中国建设银行、中国工商银行、中国邮政储蓄银行、国家开发银行等先后签署了战略合作协议，探索了风险补偿、贷款贴息、无偿资助、业务奖励、重大科技成果产业化专题债等多种措施。科技金融工作的顶层构架初步完成。

四、加速融合发展阶段（2017年至今）

自 2017 年以来，科技部会同有关部门继续深入推动科技金融工作；科技与金融双向融合，不断创新金融产品与工具；各地科技金融试点工作不断迈向深水区。特别是在国际国内形势日益严峻的背景下，科技已经上升到了经济发展的核心地位。"科技金融"研究已经成为最富活力的经济增长的新动能。党中央、国务院多次强调，要做好科技金融这篇"大文章"，并出台了一系列政策举措。这一时期突出表现为 3 个特点：

一是多元化投入主体更加活跃，不断创新融资模式。各类以服务科技型企业为主体的资金投入方式更加多元，政府引导基金、创业投资、科技贷款、科技保险、科技担保，以及科技金融服务平台、科技捐赠等各类投资主体不断融合发展。

二是科技与金融双向融合加速，新产品新工具不断涌现。2017年，中国人民银行成立金融科技委员会，加强金融科技工作的研究规划和统筹协调。金融和科技开始双向融合，科技企业开始反哺金融机构，金融科技在中国蓬勃发展，新产品新工具不断涌现。中国信息通信研究院数据显示，2021 年银行、保险、证券、信托等金融机构的金融科技应用市场规模达到 2500 亿元。地方政府科技金融生态建设向纵深发展，各类新产品新工具不断涌现。

三是科技金融系统开放程度提高，加速融入经济全球化。这一时期，结构性改革为外国投资者在中国的发展铺平了道路。特别是近年来，中国政府持续建立有效的法律结构，允许外国创业投资在中国境内设立外资银行、保险机构，参与中国创业投资，逐步放开并取消资本管制等限制性措施。

　　这一阶段的划分，主要以 2017 年以后中美科技关系发生重大历史性转折为标志。伴随着外部环境的变化，我国科技金融工作的地位更加凸显，科技金融的任务更加紧迫，科技金融阶段性导向更加明确。

第六章

中国科技金融发展的现状分析

我国科技金融发展步入新的历史阶段，已初步探索出具有中国特色的科技金融良性循环体系。政府发挥服务型功能，顶层设计不断完善；金融改革稳步推进，金融市场分层日益精细，金融产品愈加丰富，对科技创新的支持力度也有了较大提升；地方科技金融探索实践取得新成效。

一、政策层面基本情况

2023 年 10 月，中央金融工作会议提出，要做好科技金融"大文章"。2023 年 12 月，中央经济工作会议再次强调，要鼓励发展创业投资、股权投资。2024 年 6 月，在全国科技大会、国家科学技术奖励大会、两院院士大会上，习近平总书记再次强调，"要做好科技金融这篇文章，引导金融资本投早、投小、投长期、投硬科技"。2024 年 7 月，党的二十届三中全会再次强调"构建同科技创新相适应的科技金融体制，加强对国家重大科技任务和科技型中小企业的金融支持，完善长期资本投早、投小、投长期、投硬科技的支持政策"。各有关部门积极响应，扎实做好科技金融工作，出台了一系列科技金融政策举措。

近年来，科技部将打通科技、产业、金融通道作为科技体制改革攻坚的重点，持续促进科技与金融融合。

一是加强科技金融工作的政策引导，完善科技金融政策。中央科技委员会成立以来，科技部加强对科技金融工作的顶层设计和系统谋划，与金融管理部门协调联动，围绕健全科技金融体系、优化政策环境、提升服务能力、创新产品工具、强化支撑保障等方面持续发力，逐步形成科技金融发展的"四梁八柱"。例如，科技部与中国人民银行共同研究制定《"十四五"时期完善金融支持创新体系工作方案》《关于扎实做好科技金融大文章的工作方案》《关于设立科技创新和技术改造再贷款有关事宜的通知》等，紧密围绕当前金融服务科技创新的短板弱项，不断完善科技金融政策设计。科技部参与设计国务院办公厅印发的《促进创业投资高质量发展的若干政策措施》，会同商务部等部门制定《关于进一步支持境外机构投资境内科技型企业的若干政策措施》，促进创业投资高质量发展，配合中国证监会制定《资本市场服务科技企业高水平发展的十六项措施》，促进资本市场发展。

二是与金融机构开展战略合作，创新产品与工具。与中国人民银行等部门推动结构性货币政策落地。2022年4月，科技部与中国人民银行等部门联合设立4000亿元科技创新和技术改造再贷款，主动引导金融机构向科技企业发放贷款，调动金融资本精准流向科技创新领域。与政策性银行合作实施科技创新贷款。科技部组织实施国家科技计划项目和地方科技计划重大（重点）项目的贷款推荐，与政策性银行合作实施科技创新贷款，为国家重大战略任务提供更多长周期、低成本资金，预计每年安排500亿~1000亿元信贷规模。在国家科技管理信息系统中建设"科技创新贷款库",建立国家（地方）科技计划重大（重点）项目贷款推荐机制,强化对国有大型商业银行的科技信贷投向引导,支持科技计划项目实施。实施"一行一策"工程,加强科技金融产品与模式创新。科技部与中国工商银行共同开展科技金融创新服务"十百千万"专项行动;与中国银行联合开展科技金融"一体两翼"专项行动,促进银行与科技企业精准对接。截至 2022 年 6 月底,37 个省、自治区、直辖市及计划单列市科技部门均与中国银行当地分行建立了对接机制。与国家开发银行签署合作备忘录,支持发行 100 亿元重大科技成果产业化专题金融债券,设立科技创新专项贷款。

三是发挥市场资源配置作用,促进创新与资本对接。科技部会同国家发展改革委、商务部、中国证监会等进一步优化政策环境,加强对天使投资和创业投资机构的支持。支持中国银行和地方政府,在人工智能、量子科技、生物制造等重点领域设立 300 亿元规模的创业投资母基金。推动中国建设银行在北京、上海、粤港澳大湾区国际科技创新中心设立首期规模为 100 亿元的创业投资二级市场基金。自 2012 年起,科技部联合相关部委,以挖掘、培养和服务科技创新企业为主要使命,开展以科技创新创业为主题的中国创新创业大赛,引导创新资本对接。通过中国创新创业大赛、国家科技计划成果路演行动等活动,累计为 32 万多家参赛企业和团队、近 1200 项科技成果对接天使投资、创业投资和银行信贷超千亿元。在资本市场上,健全全链条绿色通道机制。科技部与上海证券交易所形成战略合作协议,大力培育拟上市优秀企业;积极配合中国证监会、上海证券交易所平稳推进创业板、新三板注册制改革和区域性股权市场创新试点,服务科技型企业的多层次股权市场体系基本形成。目前3个板块已上市各类科技企业2100多家，总市值超过17.5万亿元。

四是以创新要素为载体，加强服务与赋能。探索推广"企业创新积分制"，创新企业能力评价方式；开发"企业创新积分贷"专项金融产品。自2020年试点启动以来，2022年，59家试点高新区依据量化积分，共为积分企业提供财政资金支持达307.4亿元，促进积分企业获得银行授信1178.6亿元，获得创业投资达1294.9亿元。支持地方开展科技金融创新实践。重点加强对北京、上海、粤港澳大湾区国际科技创新中心和武汉、西安、成渝区域科技创新中心科技金融工作的指导，鼓励先行先试。联合中国人民银行指导推进济南、长三角五市、北京中关村科创金融改革试验区建设。

二、创业投资支持科技创新情况

创业投资（venture capital，VC）又被称为风险资本。根据美国风险投资协会（NVCA）的定义，风险资本是由专业资本家投入新兴的、迅速发展的并有巨大竞争潜力的企业的一种权益资本。创业投资被誉为开辟新增长周期、带来新经济的"点火器"，为科技成果向现实生产力转化注入"高能量"资本，是培育新质生产力的先导性力量。

2000年以来，我国创业投资快速发展，我国已成为全球第二大创业投资市场。据统计，截至2023年底，我国创业投资机构达4117家，创业投资管理资本总量达1.52万亿元（图6-1）。创业投资的发展有效助推了科技企业发展。

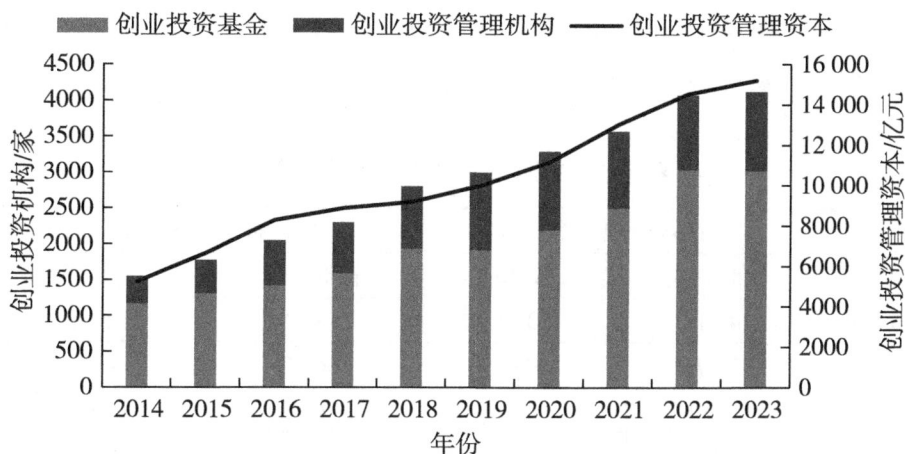

图 6-1　中国创业投资总体情况（2014—2023 年）

一是促进金融资本向实体经济流动。近年来，受经济下行、实体经济投资回报率走低等影响，实体经济和金融运行发展不协调，存在"脱实向虚"的金融风险。以投资于实体企业为目标的创业投资活动，有效促进了金融资本向实体经济循环，有助于防范和化解"脱实向虚"的金融风险。据统计，截至 2023 年底，中国创业投资累计投资项目数达 37 838 项，累计投资金额达 8819.3 亿元（表 6-1）。按投资项目划分，战略性新兴产业和未来产业一直是行业投资的重点。2023 年投资资金主要集中在计算机、通信和其他电子设备制造业（26.2%）、新能源和环保业（18.1%）及生物医药业（16.5%）等领域（表 6-2）。创业投资以支持实体产业发展为着力点展开布局，有效支持了新旧动能转换和实体经济发展。

二是推动高新技术企业与初创企业发展，缓解企业融资难题。创业投资以高科技领域企业为主要投资对象，有效降低了企业融资成本。截至 2023 年底，投资高新技术企业项目数达 15 755 项，投资金额达 3297.7 亿元。创业投资机构扶持的一些企业迅速成长为独角兽企业，截至 2023 年底，中国独角兽企业数量达到 316 家。

表 6-1　中国创业投资累计投资情况

年份	累计投资项目数 / 项		累计投资金额 / 亿元	
	全部企业	高新技术企业	全部企业	高新技术企业
2014	14 118	7330	2933.6	1401.9
2015	17 376	8047	3361.2	1493.1
2016	19 296	8490	3765.2	1566.8
2017	20 674	8851	4310.2	1627.3
2018	22 396	9279	4769.0	1757.2
2019	25 411	10 200	5635.8	1944.1
2020	28 145	11 235	6271.8	2160.7
2021	31 996	12 937	7283.0	2585.8
2022	35 145	14 427	8027.7	2927.3
2023	37 838	15 755	8819.3	3297.7

表 6-2　中国创业投资主要投资领域分布（2021—2023 年）[①]

行业划分		2021 年		2022 年		2023 年	
		投资金额	投资项目	投资金额	投资项目	投资金额	投资项目
新能源和环保业	核应用技术	10.7%	12.5%	20.8%	17.0%	18.1%	18.6%
	环保工程						
	新材料工业						
	新能源、高效节能技术						

———————

① 有效样本量为 2601 个。

续表

行业划分		2021 年		2022 年		2023 年	
		投资金额	投资项目	投资金额	投资项目	投资金额	投资项目
计算机、通信和其他电子设备制造业	半导体	22.1%	16.5%	18.8%	19.3%	26.2%	21.6%
	光电子与光机电一体化						
	计算机硬件产业	—	—	—	—	—	—
	通信设备	—	—	—	—	—	—
信息传输、软件和信息服务业	IT 服务业	12.4%	16.6%	8.5%	13.0%	7.3%	9.1%
	其他 IT 产业						
	软件产业						
	网络产业						
生物医药业	生物科技	15.7%	17.7%	14.2%	15.9%	16.5%	16.2%
	医药保健						
其他制造业		10.8%	8.0%	7.1%	9.8%	9.1%	9.0%
传统制造业		3.4%	2.8%	3.7%	3.7%	4.1%	3.8%
其他行业		9.5%	10.9%	13.4%	9.4%	7.7%	9.5%
传播与文化娱乐		0.9%	0.9%	1.8%	0.7%	0.5%	0.6%
金融保险业		1.7%	2.0%	3.8%	2.2%	0.5%	2.4%

三是转变政府财政支持方式，提高财政资金配置效率。2002 年，我国第一支政府引导基金——中关村创业投资引导基金成立；2007 年，科技部启动了"科技型中小企业创业投资引导基金"，对国家科技计划资金使用方式进行了有效探索。近年来，各地政府引导基金规模不断扩大，通过"政府引导、市场化运作"的模式，引入市场机制，有效改变了传统以直接补贴为主的财政资金支持方式，提高

了财政资金的使用效率。截至 2023 年底，我国已设立 2086 支政府引导基金，总规模达 12.19 万亿元，实际到位 7.13 万亿元，在子基金层面带动社会资本放大 4 倍以上。政府引导基金通过精准引导，培育了一批科技领军企业，突破了一批关键核心技术，加快形成新动能、新赛道、新模式，支撑高质量发展。

三、银行支持科技创新情况

过去几年，银行对科技型企业金融服务的支持力度逐渐加大，主要体现在以下方面。

一是政策支持力度持续加大。近几年来，党中央高度重视发挥银行支持科技企业的重要作用。2016 年，《中国银监会　科技部　中国人民银行关于支持银行业金融机构加大创新力度　开展科创企业投贷联动试点的指导意见》《中国银监会办公厅关于开展银行业金融机构投贷联动统计监测与评估工作的通知》印发。2019 年，《中国银保监会关于推动银行业和保险业高质量发展的指导意见》发布，从机构体系建设、完善金融产品、有效防范风险、健全金融制度、推动对外开放等方面对推动银行业高质量发展做出指导。2021 年，《中国银保监会关于银行业保险业支持高水平科技自立自强的指导意见》围绕推动银行业优化科技金融服务做出部署。2024 年 1 月，发布《国家金融监督管理总局关于加强科技型企业全生命周期金融服务的通知》，推动银行业保险业进一步加强科技型企业全生命周期金融服务。2024 年 4 月，中国人民银行联合科技部等部门设立科技创新和技术改造再贷款，额度 5000 亿元，其中 1000 亿元额度专门用于支持初创期、成长期科技型中小企业首次贷款，激励金融机构更大力度投早、投小、投硬科技，发放对象包括国家开发银行、政策性银行、国有商业银行、中国邮政储蓄银行、股份制商业银行等21家金融机构，原有科技创新再贷款和设备更新改造专项再贷款政策的一致性得到保证。2024年6月，中国人民银行、科技部、国家发展改革委、工业和信息化部、金融监管总局、中国证监会、国家外汇局等七部门联合印发《关于扎实做好科技金融大文章的工作方案》，围绕培育支持科技创新的金融市场生态提出一系列有针对性的工作举措，包括支持银行业金融机构构建科技金融专属组织架构和风控机制，完善绩效考核、尽职免责等内部制度。2024年6月，中国人民银行与科技部依托"创新积分制"评价，遴选了首批近7000家符合条件的企业，向21家全国性银行推送。各银行快速响应，迅速行动，首笔科技创新贷款已发放，后续其他贷款将陆续投放。

二是科技信贷逐步发力。中国人民银行发布的金融机构贷款投向统计报告显示，贷款支持科创企业力度较大。科技型中小企业贷款增速如图6-2所示。2024年四季度末，获得贷款支持的科技型中小企业达26.25万家，获贷率为46.9%，同比增长2.1个百分点。科技型中小企业本外币贷款余额为3.27万亿元，同比增长21.2%，增速比各项贷款高14个百分点。获得贷款支持的高新技术企业达25.81万家，获贷率为55.7%，同比增长1.9个百分点。高新技术企业本外币贷款余额为15.63万亿元，同比增长7.5%，增速比各项贷款高0.3个百分点。

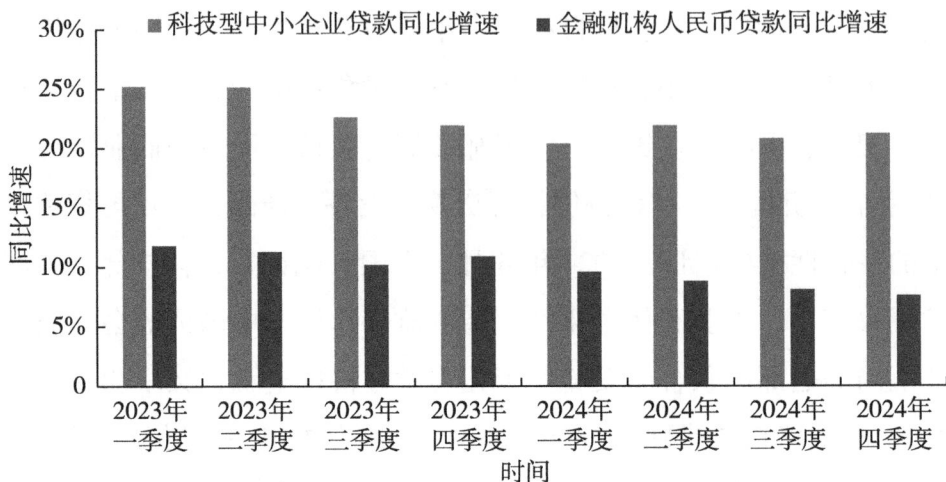

图 6-2　科技型中小企业贷款增速

　　三是科技信贷产品方案逐渐完善。我国以间接融资为主的金融供给模式，在服务科技型企业过程中整体仍以信贷产品为主，各家银行针对不同生命周期的科创型企业不断开发新产品。例如，中国工商银行针对抵质押物不足等情况，结合外部征信推出科创贷；中国农业银行面向科技成果转化过程中的资金需求提供农行科技成果转化贷；中国银行推出以知识产权等"软资产"为抵质押物的知识产权贷款；交通银行面向高技能人才推出人才贷款等。大中型银行逐渐完善其覆盖科技型企业全生命周期的信贷产品体系，服务科技金融能力也在逐步提高。国有大行科技型企业信贷产品如表 6-3 所示。

表 6-3　国有大行科技型企业信贷产品

银行	产品
中国工商银行	科创贷：联合国家公共信用信息中心构建企业信用综合评价体系，以国家融资担保基金构建的政府性融资担保体系作为风险分担机制，年化利率最低为 3.85%，一次签约，随借随还，最高额度为 500 万元
	认股贷：企业与银行签订股权认购协议进而从银行获得资金支持
中国农业银行	科技 e 贷：面向符合条件的专精特新小微企业，可采用抵质押、保证担保和信用等方式，贷款期限最长不超过 10 年，单户贷款额度最高可达 3000 万元
	科技成果转化贷：面向获得省科技厅牵头评审通过并立项的省科技成果转化专项资金支持的企业，可采用信用方式
	火炬创新积分贷：是与火炬中心基于"创新积分制"评价体系联合研发的科创企业专属产品
中国银行	面向科技型企业推出专属授信服务方案，包含系列子方案，包括但不限于科创企业专精特新贷、科创企业瞪羚贷、科创企业上市公司贷、科创企业知识产权贷、科创企业银担合作贷、科创企业成果转化贷、科创企业人才贷、科创企业投行联动贷、科创企业技改配套贷
中国建设银行	小微企业贷款产品：包括信用快贷、抵质押快贷、云税贷、减税云贷、善科贷、善新贷
	小企业科创信贷产品：科技云贷、科技信用贷、科技助保贷
	大中型企业科创信贷产品：传统信贷产品、科技企业发展贷款、科技易贷
交通银行	"科创易贷"体系：基于特色的"1+N"科技型企业评价模型，联合政府增信等外部增信手段，包含科创贷、成长贷、人才贷、研发贷、成果贷、科技先锋贷、专精特新贷、制造易贷等多种信贷产品，满足不同成长周期的企业资金需求

四是多家银行机构设立了科技金融专营机构。除丰富信贷产品之外，顶层战略及体制机制的建设亦成为银行完善科技金融服务体系的重要一步。作为国内银行业"排头兵"的国有大行同样在这一方面有所建树（表6-4）。以交通银行为例，战略上率先提出全力做好"科技金融一件事"，打造"交银科创"品牌，机制上成立科技金融专班，提出"科创易贷""科创易投""科创易融""科创易租"四大产品体系来强化体制内各业务条线协同服务能力。中国工商银行同样在2024年初设立总行科技金融中心，形成"总-分-支-网点"四级联动体系，同时开展针对科创型企业的"春苗行动"，加大支持科技型企业融资力度。

表6-4　国有大行科技金融机制建设情况

类别	中国工商银行	中国农业银行	中国银行	中国建设银行	交通银行
机制	设立总行科技金融中心，初步形成"总-分-支-网点"四级联动的专业服务体系	设立19个科技金融服务中心，在各地高新区、经开区、科技园等科技创新集聚地，成立200余家科技金融专营机构	在广东、江苏、上海等24个省市分支机构同步设立科技金融中心，并在部分科技资源集聚区域重点打造科技金融专营支行或特色网点，整体构建"总-分-支"科技金融多层次组织体系	设立科技金融创新中心，强化"总-分-支"三级联动体系，给予科技金融创新中心信贷审批与产品创新等差别化政策	在上海成立科技金融专班，全力推进"科技金融一件事"，积极以"行业+园区"方式促进投贷联动，提高服务科创企业的能力

续表

类别	中国工商银行	中国农业银行	中国银行	中国建设银行	交通银行
战略	深入开展"春苗行动",加大力度支持科技型企业融资	围绕新客群、新架构、新生态、新政策、新产品、新创投、新保障等方面,加快打造科技金融"七新"服务体系	银政协同完善金融服务,构建科技金融生态图。围绕高新技术企业、科技型中小企业、国家实验室等重点客户,提升批量化场景获客能力	制定《中国建设银行科技金融行动方案》,创新构建科技型企业创新能力评价体系,打造科技金融价值服务体系。深入推进"五全"服务体系,强化"三化"支撑能力	打造"交银科创"品牌,集成"科创易贷""科创易投""科创易融""科创易租"四大产品体系,为初创期、成长期、成熟期等不同阶段科技型企业提供贷款、股权投资、债券融资、科技租赁等一体化金融解决方案

四、科技保险支持科技创新情况

近年来,我国积极推动科技保险工作,提升科技保险发展水平,充分发挥其保障作用。

一是完善制度,形成保险支持技术创新的机制。随着政府职能不断转变、市场要素不断活跃,科技投入配置方式进一步创新,科技保险逐渐成为科技金融体系中至关重要的一环。这是对国家多元化科技投入方式的有益补充,主要目的是充分发挥保险独特的风险分担功能和中长期资金特点,推动保险资金更好地服务于科技创新,为支持高水平科技自立自强提供高质量风险保障。2015年,印发《中共中央　国务院关于深化体制机制改革　加快实施创新驱动发展战略的若干意见》，首次在中央文件中提出"加快发展科技保险，推进专利保险试点"的部署要求。近年来，为落实党中央、国务院的部署，科技部及相关部门先后制定了一系列指导政策。2018年，科技部等八部委印发《关于促进首台（套）重大技术装备示范应用的意见》（发改产业〔2018〕558号），推动首台（套）重大技术装备示范应用。《中国银保监会关于银行业保险业支持高水平科技自立自强的指导意见》（银保监发〔2021〕46号）明确提出，强化科技保险保障作用，鼓励保险机构完善科技保险产品体系，形成覆盖科技企业研发、生产、销售等各环节的保险保障，加大科研物资设备和科研成果质量的保障力度；依托再保险服务体系，为科技保险有效分散风险；鼓励保险经纪机构积极发展科技保险相关业务。2024年1月，发布《国家金融监督管理总局关于加强科技型企业全生命周期金融服务的通知》（金发〔2024〕2号），从持续深化科技金融组织管理机制建设、形成科技型企业全生命周期金融服务、扎实做好金融风险防控、加强组织保障和政策协同等方面对科技保险工作做出部署。同月，发布《国家金融监督管理总局办公厅关于印发科技保险业务统计制度的通知》，明确财产保险公司应积极对接科技活动主体的保险需求，强化科技保险业务数据治理，这将使科技保险业务更加规范化和标准化，有助于更好地发挥保险业在加快建设创新型国家、推动重大科技创新进程中的作用。

二是探索实践，加大保险支持科技创新的力度。自2006年启动科技保险试点以来，各地制度不断完善、产品持续创新、规模显著扩大，取得了丰硕的发展成果。从制度设计来看，在政府部门、保险公司、科技公司的共同努力下，我国科技保险发展逐步形成了政府支持、市场运作的良性运营模式。近年来，各地方政府积极响应中央政策，从财政支持、基础设施等多方面支持科技保险发展，不断细化、优化对科技保险的财政补贴和税收优惠政策，同时将更多保险产品纳入清单。以云南省为例，云南省科技厅定期发布征集下一年科技保险险种的通知，并将各险种按补贴等级、险种类别进行归类。2023—2024 年度云南省共计纳入 3 类补贴等级的 15 个险种、273 款科技保险产品。云南省还将其中的 252 个险种纳入省级"科技创新券"支持范围，允许科技型企业用"券"投保，降低了企业的投保成本。同时，各地大力发展科技保险活动所需的配套基础设施，推动科技保险业务与创新科技园区相结合。例如，2023 年湖北省在武汉东湖科技保险创新示范区内成立了东湖科技风险管理和保险创新实验室，并在地方金融监管局的引导下将辖内保险机构与其他金融机构和专业科技金融机构进行联动衔接，打造专业化的科技金融体系。从产品种类来看，我国已初步形成覆盖科技研发应用全周期的科技保险体系：通过研发费用保险、研发保障保险、研发中断保险等产品保障科技型企业的研发工作；通过首台（套）重大技术装备保险、重点新材料首批次应用保险、软件首版次质量安全责任保险保障新技术的落地应用；通过专利执行保险、专利被侵权损失保险、商业秘密被侵权损失保险等产品保护创新技术的知识产权；通过各类财产险、责任险、健康险、网络安全险、绿色保险分担科技型企业在经营存续过程中面临的各种风险；通过知识产权质押融资保证保险、科技型企业贷款保证保险等为科技型企业提供增信。随着我国科技保险产品体系的不断丰富，从研发、落地应用到后续经营，从员工、管理人员到企业的各环节、各主体都能够得到一定程度的保障。此外，各地也根据科技型企业的需求进一步创新科技保险产品，例如，2024年中国人民财产保险股份有限公司苏州分公司推出首款科技成果转化保险产品，通过保险为企业和高校院所的产学研合作提供保障，通过强化各方合作保障科技保险业务的可持续运营。从业务规模来看，我国科技保险市场不断扩大，尤其是部分财政支持力度大、风险相对可保、业务模式相对成熟的产品，投保企业数量和保障金额显著增加。2024年1—8月，我国科技保险保费收入达388亿元，为科技研发、成果转化和推广应用等科技活动提供的风险保障金额超过7万亿元。同时，越来越多的地方开始试点并推广科技保险，并取得了显著成效。2024年，上海财险业实现科技保险保费收入50.6亿元，提供风险保障金额超25万亿元。其中，为科技研发、成果转化、应用推广等各类科技创新活动及其他基础风险提供风险保障金额达1.5万亿元；为各类科技活动主体提供风险保障金额达24.5万亿元。

三是聚焦重点，积极服务关键核心技术攻关。在科技保险工作推进过程中，各地结合本区域创新战略布局，聚焦重点产业领域，不断创新开发新的保险产品。例如，生物医药作为上海三大先导产业之一，自2017年起，为降低生物医药企业临床试验相关风险，鼓励企业及科研机构加大研发投入，推动生物医药产业实现高质量发展，原上海银保监局联合相关政府主管部门推出生物医药人体临床试验责任保险和生物医药产品责任保险，通过保费补贴政策进一步引导降低企业创新成本，有效推动保险公司开展生物医药产业的研究。2024年，上海财险业为生物与新医药技术领域签发保单

14.6 万张，累计提供风险保障金额达 4100 亿元。又如，2023 年宁波首创科技攻关专项保险，主要为从事科技研发和重大科技项目攻关的企业和机构提供科技项目研发费用损失、科技项目安全责任、关键研发设备故障等的综合理赔，首期项目主要为重大科技应用场景"搭平台、给机会"，集中在智能制造、智慧港口、道路交通等领域。

五、资本市场支持科技创新情况

1984 年，我国证券投资市场发行第一支股票，1990 年 12 月、1991 年 4 月上海证券交易所（简称"上交所"）与深圳证券交易所（简称"深交所"）先后开市营业，2021 年 11 月 15 日，北京证券交易所（简称"北交所"）正式开市。自此，北交所与上交所、深交所共同构筑了我国场内资本市场"三足鼎立"的局面，初步形成了功能互补、优势叠加的新格局，多层次资本市场体系建设不断强化。

一是通过精细化分层，构建功能互补、有机联系的多层次资本市场体系。我国资本市场注重通过错位发展、转板机制等方式，凝聚科创板、创业板、北交所的合力，更好地满足科创企业全生命周期的多样化融资需求。主板主要服务于蓝筹股，科创板强调"科技属性"，创业板强调"三高五新"特征，北交所强调专精特新企业。各个板块统筹发挥差异化功能，支持科技型企业首发上市、并购重组，引导创投基金投向科技创新领域，完善科技型企业股权激励的方式、对象和实施程序，推动新质生产力规模化跃迁。截至 2023 年

12 月 31 日，A 股年内共计有 310 支新股融资 3551 亿元[①]（表 6–5），支撑了计算机、通信和其他电子设备制造业及专用设备制造业等高新技术产业融资。

表 6-5　2023 年 A 股融资情况（分板块）

板块	新股数量 / 支	融资额 / 亿元
创业板	108	1211.89
科创板	67	1438.84
主板	59	756.12
北交所	76	143.95

二是不断丰富融资工具，满足不同企业的融资需求。各交易所不断创新金融产品以满足科技型企业多元化融资需求。例如，上交所推出 50ETF[②] 期权、发布科创 100 指数，不断扩大科创债规模。深交所针对科技类债券审核提供"绿色通道"，截至 2023 年 12 月 31 日，发行创新创业债和科技创新债规模突破 900 亿元，以专利、商标、版权等为底层资产发行知识产权资产证券化（ABS）产品合计 225 亿元。

三是不断增强资本市场的包容性，支持硬科技企业上市。资本市场通过汇聚创新资本，实现风险共担、利益共享，吸引更多社会资本投入硬科技领域，形成良好的创新资本生态。经过不断改革，

---

① 2023 年共有两宗超百亿元募资，分别是华虹公司、芯联集成，募资额分别约为 212.03 亿元、110.72 亿元。其他典型大额募资企业还有晶合集成、陕西能源、航材股份，募资额分别约为 99.6 亿元、72 亿元、71.09 亿元。

② ETF，交易型开放式指数基金。

2023 年 2 月，中国资本市场实现了从"审批制"向全面"注册制"的转变。2023 年 A 股行业融资情况（前三名）如表 6-6 所示。截至 2023 年底，A 股所有公司中，战略性新兴产业占比为 33.37%；通过注册制上市的公司中，战略性新兴产业占比高达 96.11%。按产业分类，注册制公司中，属于新一代信息技术、高端装备制造、生物产业的上市公司数量最为庞大，合计占比超过 60%，其中新一代信息技术产业公司数量最多，占比为 30.42%。为了更好地满足不同类型投资者的需求，提高资本市场的活力和效率，各交易所针对不同阶段、规模和特征的企业分设了不同的监管标准。例如，科创板设立了 5 套差异化上市指标，满足不同类型、不同发展阶段科创企业的上市融资需求，包括 "预计市值 + 营业收入""预计市值 + 研发成果" 等标准，让尚未盈利但具备成长潜力的硬科技企业有机会上市融资。其中，科创板为未盈利生物医药企业量身定做了"第五套上市标准"，重点支持处于研发阶段、尚未形成一定收入的生物医药企业上市，让一批具有前景的未盈利企业持续开展关键核心技术产品研发创新，及时分享注册制改革成果。截至 2023 年底，总计 75 家未盈利硬科技企业在科创板成功上市。

表 6-6　2023 年 A 股行业融资情况（前三名）

排名	行业门类（企业数量）	行业门类（募资额）
第一名	计算机、通信和其他电子设备制造业（54 家）	计算机、通信和其他电子设备制造业（1068.14 亿元）
第二名	专用设备制造业（34 家）	专用设备制造业（354.97 亿元）
第三名	化学原料和化学制品制造业（29 家）	电气机械和器材制造业（284.83 亿元）

四是持续强化制度创新，完善支持科技创新的资本市场基础制度。2024 年 4 月，国务院出台了《国务院关于加强监管防范风险推动资本市场高质量发展的若干意见》（简称"新'国九条'"），中国证监会发布了《资本市场服务科技企业高水平发展的十六项措施》等政策，从上市融资、并购重组、债券发行、私募投资等全方位提出支持性举措，促进新质生产力发展。例如，新"国九条"指出，要推动股票发行注册制走深走实，增强资本市场制度竞争力，提升对新产业新业态新技术的包容性，更好地服务科技创新、绿色发展、国资国企改革等国家战略实施和中小企业、民营企业发展壮大，促进新质生产力发展，加大对符合国家产业政策导向、突破关键核心技术企业的股债融资支持。《资本市场服务科技企业高水平发展的十六项措施》涉及上市融资、并购重组、债券发行、私募投资等多方面，主要内容包括建立融资"绿色通道"、支持科技型企业股权融资、加强债券市场的精准支持、完善支持科技创新的配套制度等。2024 年 9 月，中央金融办、中国证监会联合印发《关于推动中长期资金入市的指导意见》，重点推动中长期资金进入资本市场，解决当前资本市场中长期资金总量不足、结构不优、引领作用发挥不够充分等问题。

第七章

中国典型地区科技金融发展的经验

2024 年，本课题组走访了多个科技金融试点地区，总结了各地发展的先进经验。调研发现，各地均因地制宜地构建了具有本地特色的科技金融发展模式。

一、上海——国际化金融中心引领硬科技与跨境资本融合

2010 年，上海市被列为国家首批科技金融试点城市。2023 年，上海市印发《上海市建设科创金融改革试验区实施方案》，成立科创金融改革工作组，加强部门联动，持续优化科创企业融资环境，提升科技金融服务能力，取得较好成效。

（一）进一步明确多层次科创金融政策支持体系

一是市级层面把方向，提升科技金融能级。2023 年，印发《关于进一步促进上海股权投资行业高质量发展的若干措施》《上海科技金融服务能力提升专项行动方案》等指导政策，按照提升金融机构服务能力、激发股权投资市场活力和完善信贷奖补政策三大方向，

破解融资堵点难题。

二是区级层面显特色，激活区域创新潜能。各区聚焦科创企业发展需求，立足区域特色，探索"拨投结合""投贷联动""招投联动"服务新举措。例如，宝山区作为"以先投后股方式促进科技成果转化"的国家创新改革试点区，与长三角国家技术创新中心合作探索"拨投结合"与"先投后股"等重大项目支持机制；浦东新区发挥引领示范效应，推动形成"1个意见+2个措施"，构建浦东创投多维体系。

三是机构层面抓落实，推进服务创新深入。上海的银行、保险、证券等金融机构通过制定科创金融行动方案、业务发展规划、园区金融白皮书等多种形式，聚焦重点任务，全面提升金融服务能力。例如，中国工商银行上海市分行的"五专四全三中心"专业化经营理念，中国建设银行上海市分行的"建·沪链"科技产业金融综合服务方案，以及中国太保、中国人保等知识产权科技保险产品均有力推动了服务效能提升。

（二）进一步完善全生命周期科创金融服务体系

一是全链条投资生态逐步构建。打造浦东新区、临港新片区等8个区域股权投资集聚区，"一口服务"推动行业发展。国有资本投资持续发挥主力军作用。2020—2022年，42家市属国有企业年度完成投资额分别为4981.28亿元、5179.32亿元和4994.53亿元。在集成电路、生物医药、人工智能等科创产业领域形成了由市级产业基金、产业集团发起基金、投资平台发起基金等共同构成的有一定影响力的基金集群，2024年三大先导产业基金规模达974.77亿元。上海市财政资金强化引导和撬动作用。上海市先后于 2010 年和 2014 年出资设立了上海市创业投资引导基金和上海市天使投资引导基金，加快初创期、早中期科创企业的成长。2024 年，创业投资引导基金规模达116.6 亿元，已投资基金 78 支，总募集规模超过 740 亿元，已累计投资 1200 余家创新型企业，注册上海科创金融研究院，搭建集聚天使投资人、服务早期科创的投融资专业化平台，首单天使投资项目已落地。丰富股权投资退出渠道，支持上海股权托管交易中心加强份额转让平台的流程和标准建设，指导发起设立国内首个 S 基金^①联盟，促成单笔超 100 亿元国资份额转让在上海股权托管交易中心挂牌，启动总规模达 100 亿元的上海国资体系首支创投类 S 基金。深入推进"浦江之光"行动，以企业库为抓手，鼓励企业对接科创板，全年组织举办 36 场培训、座谈活动，惠及企业 1250 家。

二是多维度信贷保险创新探索。第一，信贷方面。政府支持产品持续完善，市场化产品不断推出，创新开展知识产权质押贷款风险"前补偿"试点、科技企业员工持股计划和股权激励贷款试点等，建立覆盖 2 万余家中小微企业的政策性融资担保"白名单"库。科技信贷量质齐升，截至 2023 年三季度末，上海辖内科技型企业贷款存量户数为 2.75 万户，较年初增长 37.9%；贷款余额为9424 亿元，较年初增长 36.7%。其中，科技型中小企业贷款存量户数为 2.41 万户，较年初增长 59.4%；贷款余额为 4381 亿元，较年初增长 77.5%。专利商标质押融资登记金额为 148.3 亿元，较年初增长 22.1%。第二，保险方面。中国集成电路共保体积极支持涵盖

---

① S 基金，私募股权二级市场基金。

ARJ21 飞机、船舶制造等重点领域的首台（套）重点创新项目，科技企业短期贷款履约责任保证保险、生物医药临床试验责任保险、科技企业创业责任保险等试点稳步推进。截至 2024 年一季度末，上海辖内科技型企业贷款余额为 1.16 万亿元，同比增长 36%；贷款存量户数为 3.32 万户，同比增长 46%，余额和户数较年初增长均超10.6%。截至 2023 年底，市融资担保中心共承做科创企业融资担保贷款近 500 亿元。上海保险业提供科创保单超 40 万张，提供风险保障 3.1 万亿元。

三是多层次资本市场建设深入推进。推动市场主体的专用信用报告替代有无违法记录证明在上市场景的落地实施，稳步推进私募股权和创业投资份额转让试点，完成上海专精特新专板开板。截至2024 年 4 月末，上海共有境内 A 股上市公司 445 家，其中，上交所主板 231 家、科创板 91 家（居全国第二），深交所主板 33 家、创业板 80 家，北交所 10 家。上海份额转让平台共计上线 97 笔基金份额（含份额组合），已成交 78 笔，成交总份数约为 192.8 亿份，成交总金额约为 212.6 亿元，涉及天使、创投、PE 基金份额等。科创50ETF 期权在上交所上市，科创企业债券融资持续推进。2023 年，上海企业发行科创票据 372.4 亿元，较上年增加 267.5 亿元；上海临港经济发展（集团）有限公司完成全国首单"附转股权"混合型科创票据注册。

（三）进一步完善科创金融发展生态环境

一是打造良好的金融科技生态。资本市场金融科技创新试点持续深化，截至 2023 年底，首批试点 26 项项目中有 24 项已正式运行。校企"产学研用"深度融合，同济大学设立网络金融安全协同创新中心，上海交通大学推出"特许全球金融科技师（CGFT）"认证项目。高水平举办外滩大会、上海金融科技国际论坛等，推动金融基础设施和持牌金融机构的金融科技子公司在沪集聚，培育空中云汇等金融科技独角兽企业。

二是推进金融高水平开放。2023 年，上海科技型企业实现跨境人民币结算总额同比上升 14%，其中双向人民币资金池结算总额同比上升 52%。科技型企业通过自由贸易账户（FT）办理跨境本外币收支总额同比增长 24%，通过 FT 账户获得的融资同比增长 21%。上海合格境外有限合伙人（QFLP）试点机构共计 90 家，试点规模累计约 186 亿元，上海 QFLP 试点累计投资项目超 640 批次，实际投资金额约 520 亿元。

三是推动科技金融创新模式辐射长三角。全国社保基金长三角科技创新股权投资基金落户上海，首期规模为 51 亿元，正在加快投资节奏。国家技术转移东部中心共促成签约金额 71.36 亿元。上海技术交易所加快建设长三角科技成果路演中心与长三角技术权益登记中心，长三角区域内累计进场 1766 宗，成交金额超 180 亿元。发布长三角数据模型实验室 G60 科创走廊金融服务专业模块，实现长三角九城市科创企业公共数据互联互通，支持跨区域授信。

二、广州——"创、投、贷、融"推动科技产业与金融一体化

广州市锚定"科学发现、技术发明、产业发展、人才支撑、生态

优化"的全链条创新发展路径，建立以创投基金为主线的"创、投、贷、融"科技金融生态圈，完善市场化的科技创新企业支撑体系。

（一）不断推进基金管理机构建设

为引导社会资本推动科技成果产业化，促进科技、金融与产业融合发展，根据广州市政府工作部署，广州市于 2019 年设立规模为 50 亿元的科技成果产业化引导基金，并启动子基金遴选工作，首支子基金于 2020 年 3 月落地。

2021 年 7 月，广州市科技局适当调整基金运营方式，将"广州市科技成果产业化引导基金"调整为"广州科技创新母基金"（简称"母基金"），主要投资天使类子基金和创投类子基金。其中，对天使类子基金的出资比例不超过子基金规模的 50%，天使类子基金须 100% 投资于天使类项目。

2022 年 12 月，广州市科技局在母基金框架内正式设立并落地了股权直投基金，探索利用广州市财政资金，围绕中国创新创业大赛（广州赛区）项目、市科技人才项目等市早期科技项目，开展政策性股权直投。

（二）持续完善基金政策体系

广州市科技局分别于 2022 年 6 月、2023 年 12 月印发《广州市科学技术局关于印发广州科技创新母基金直接股权投资管理实施细则的通知》（穗科字〔2022〕4 号）、《优化广州科技创新母基金直接股权投资机制和流程工作方案》，推动直投基金主投广州高校及科研机构成果项目、中国创新创业大赛（广州赛区）优秀企业，助力科技企业关键核心技术攻关，凸显直投基金"首投""领投"作用，支持广州市内早期科技企业发展壮大。

（三）深入开展基金投资实践

一是精准对接市场化机构，加快推动子基金落地。采取"主动走出去、精准引进来"策略，通过行业风投论坛、湾区创投峰会、主流媒体平台，广泛宣传推介母基金，多渠道对接联系市场化优质创投机构超 800 家，吸引深创投、高瓴资本、祥峰投资、国投创业等优秀创投机构参与申报。截至 2024 年底，对于科创母基金，已有 42 家合作机构完成子基金组建，子基金认缴总规模为 317.78 亿元，申请科创母基金出资合计 40.07 亿元，预计撬动社会资本 277.70 亿元，放大 6.93 倍。子基金实缴总规模为 262.21 亿元，其中科创母基金累计实缴出资 29.20 亿元，撬动社会资本实缴出资 233.01 亿元，放大 7.98 倍，资金引导及放大效果显著。科创母基金坚持投早、投小，现已与联想创投、盛景嘉成等头部早期创投机构合作设立 8 支天使投资类子基金，天使类子基金认缴规模合计 24.49 亿元，目前已实缴出资 13.99 亿元。

二是聚焦战略性新兴产业，投资培育广州科技企业。截至 2024 年底，各子基金已投出 408 项项目，投资金额合计 179.38 亿元。所投项目覆盖生物医药、医疗器械、高端装备制造、新一代信息技术等广州重点支持的新兴科技产业领域，符合科创母基金政策导向。8 支天使类子基金已投出 76 项项目，投资金额合计 6.27 亿元，包括广纳四维、广纳安疗等科研机构早期成果转化项目。

三是"以投促招""以投促引"，推动优质科技项目落户。广州市科技局依托母基金，积极开展资本招商工作，充分发挥各子基金作用，推动优质科技项目落户广州。截至 2023 年底，母基金已累计组织 11 次招商对接会、项目交流对接会，促进企业和投资机构、业内专家的直接交流，通过精准对接帮助企业解决融资难题、优化技术创新。成功举办 2023 粤港澳大湾区（广州）创投峰会，并特设创投广州行、LP&GP 对接会、产业对接会等特色环节，引起创投行业的广泛关注，为广州投资环境营造良好的口碑并提升美誉度。

四是投早、投小、投科技，稳步构建广州科技创新发展基石。截至 2024 年底，直投基金累计投出 19 项项目，投资金额合计 1.64 亿元，均为广州项目，有力支持广州生物医药、通信设备等领域企业。

五是打造政策强磁场，引导国有企业聚焦科技创新和创业投资。以母基金为依托，联动广州市 500 亿元创新投资母基金及其他政府、国资母基金，为广州引入优质科技项目。2023 年，广州市科技局指导广州创新投资母基金围绕主责主业，成立了 5 支科研院所子基金。其中，设立的颠覆性技术创新子基金，将助力前沿技术、颠覆性科技成果转化落地广州。

（四）促进投资与其他支持方式联动

一是打造"赛事宇宙"，深入推进"创、投"联动。探索以中国创新创业大赛（广州赛区）为契机发现培训对象，与母基金、直投基金等相关方联动合作，开展覆盖创业思维、商业模式、市场分析、融资策略等更全更多方面的赛后资本运作培训班，深度赋能大赛优秀企业，培育既懂企业管理又懂资本运作的企业家群体，提高融资、创业成功率。

二是"投、贷"联动共担风险,"贷"动企业茁壮成长。2023 年,广州市科技型中小企业信贷风险损失补偿资金池入池企业中共有411 家企业获得 951 家机构投资,占入池企业的 7.25%,其中达到种子轮至 A 轮的有 232 家;达到 B 轮的有 34 家;达到 C 轮及以上的有 14 家;处于战略融资阶段的有 51 家;完成定向增发的有 64 家。

三是积极推动银行不断创新信贷产品和服务模式。兴业银行推出了投贷联动贷款,对业务合作名单范围内的投资机构已投资或拟投资入股的企业,按照已引入或拟引入投资金额的一定比例为企业提供债权融资;招商银行广州分行推出了具有审批快、轻担保、差异化特点的投联快贷产品。

三、深圳——市场化驱动的企业全生命周期赋能

深圳市高度重视科技金融发展的制度设计,从构建专营机构体系、完善产品服务供给、优化科技金融生态等方面提出重要举措,推动金融为科技型企业量身提供全生命周期金融服务,助力深圳市加快建设具有全球重大影响力的产业科技创新中心。

(一)发挥金融创新的深圳优势,不断推出满足科技型企业全生命周期的科技金融产品

在风险可控的前提下,深圳市针对重点科技型企业、科技人才的融资需求,不断创新开发特色金融产品。在数据安全和客户授权的前提下,对重点科技型企业、科技人才实行名单管理机制,

推动部门间数据信息共享，建立了刚柔并济、富有弹性的试错容错机制，既确保信贷资金合规使用，又为金融支持科技创新发展营造适度宽松环境。平安银行、中国工商银行深圳市分行等银行机构为技术创新中心、研发机构、实验室及符合条件的科技型企业提供了优惠利率报价，降低了综合融资费率。深圳创业担保贷款担保基金和贴息资金、科创贷款贴息贴保资金的保障作用持续增强，扩大了科技型企业金融服务的覆盖面。深圳南山高新技术园区发行了基础设施公募不动产投资信托基金（REITs），金额高达 25 亿元，推动了园区企业轻资产运营转型。此外，深圳市持续开展高新技术和专精特新企业外债便利化额度试点，满足了科技型企业的跨境融资需求。

（二）优化科技信贷体制机制，建立科技创新导向的深圳市金融业高质量发展指标体系

中国建设银行、中国农业银行深圳市分行等银行机构单列了科技型企业贷款的信贷规模，实施优惠内部资金转移定价，在授信审批、激励考核等方面实行差异化管理，建立了科技型企业贷款尽职免责负面清单机制。中国邮政储蓄银行深圳分行为"20+8"产业集群、中小企业特色产业集群和专精特新企业开辟信贷绿色通道，推出专属信贷产品，2023 年总计为龙华、宝安、南山、福田等四区投放 35.64 亿元科技型企业专项贷款；深圳市专题推进了再贷款再贴现等政策工具的运用，加大对科技型企业的信贷供给力度。截至 2024 年 3 月底，中国建设银行深圳市分行已累计贷款支持超 19 000 家科技型企业，贷款余额超 1900 亿元，较 2024 年初新增近 230 亿

元，科技金融行动的滚滚浪潮正迅速渗透深圳市科技型企业。推动加强科技创新金融服务能力建设，在科创资源密集地区开展科技创新金融服务能力提升专项行动和动员活动，共同营造聚力支持科技创新的良好氛围。在河套深港科技创新合作区、前海深港现代服务业合作区等地区，授权符合条件的银行机构开展"股权＋债权"模式创新试点。推动深圳市大中型银行机构与其集团旗下的香港股权投资机构联动，通过"深圳商行＋香港投行"模式，为科技型企业提供股权与债权相结合的融资服务。支持银行机构规范与外部投资机构的合作，探索"贷款＋外部直投"等业务新模式，在科技型企业生命周期中前移金融服务。

（三）制定促进创投高质量发展的专门政策，支持创投做强做大

深圳市通过"深圳创投日"等品牌活动，建立风投创投机构与科技创新项目的对接机制，完善一体化的创业投资项目服务体系。支持本市有条件的产业集团与风投创投机构对接，打通产业链创新成果转化渠道。引导风投创投机构重点支持深圳市"20+8"产业集群，不断加强与河套深港科技创新合作区、光明科学城、西丽湖国际科教城、大运深港国际科教城、石岩科创城及深圳高新区等重点区域的合作，支持鹏城实验室、深圳湾实验室、国家第三代半导体技术创新中心、国家5G中高频器件创新中心、国家高性能医疗器械创新中心等创新平台的科技成果转化落地。深圳市出台了多项政策支持保险资金、家族财富公司、产业链龙头企业等社会资本参与创业投资，鼓励保险资金依法依规扩大股权投资比例。深圳市积极

争取国家级、省级产业基金的配套资源，打造全产业链的产业集群发展生态。鼓励社会资本设立 S 基金。推动开展私募股权和创业投资份额转让试点，拓宽行业退出渠道。

（四）依托深交所建设优质创新资本中心，支持科技型企业上市融资

深交所全面实行了股票发行注册制，塑造高水平创新资本循环机制，持续完善创业板注册制试点安排，优化创新企业境内发行上市制度，完善创新企业上市培育体系。深交所持续完善再融资、并购重组和减持等基础制度，畅通多元化退出渠道，推动更多长期资金入市，打造具有创新市场特色的全球资产配置平台，建设高质量的固定收益产品、交易型开放式指数基金（ETF）、衍生品、不动产投资信托基金（REITs）板块，构建具有全球影响力的指数体系。深圳市深入推进企业上市发展"星耀鹏城"行动，打造具有深圳特色的地方上市培育品牌工程，搭建企业上市一站式服务平台。强化企业上市培训辅导，实施企业上市梯度培育，充分发挥深圳市中小企业服务中心等平台作用，整合资源为拟上市企业赋能，加大协调服务力度，切实解决上市前有关问题。深圳市建立企业上市数据库，不断完善数据库功能。深圳市稳步推进科技型企业通过债券市场扩大融资规模，优化受理审核、信息披露、风险揭示、簿记建档、存续期管理等业务流程，探索"投资人选择、发行人付费"的中介机构选聘机制。深圳市打造了全国首个高收益债券市场试点，以更好地发挥债券市场对科技型企业的金融服务功能。

（五）健全知识产权价值评估体系，完善科技成果与知识产权交易中心关于知识产权价值评估、交易等相关服务功能

中国建设银行深圳市分行、中国邮政储蓄银行深圳分行等银行机构稳妥开展知识产权质押登记线上办理试点，提升了银行机构在线办理知识产权质押登记的便利化程度，探索了向科技型企业发放以知识产权为质押的中长期贷款。深圳市知识产权质押融资保险模式不断创新，南山区、福田区建立了知识产权质押融资保险奖补机制和"政府＋保险＋银行"的融资增信机制。据统计，2023年南山区知识产权资产证券化（ABS）业务规模达到了86.65亿元，招商证券、国信证券、万和证券等总部在深圳的券商持续探索以知识产权运营未来收入为底层现金流发行证券化产品。

（六）不断提升科技保险保障作用，加大对科技创新的资金支持力度

深圳市支持保险公司推广研发费用损失保险等科技保险、发展专利保险等新型保险产品，鼓励保险机构推出、推广首台（套）重大技术装备综合保险、重点新材料首批次应用保险、软件首版次质量安全责任保险。鼓励符合条件的保险公司发展高新技术企业出口信用保险，持续优化线上投保关税保证保险。鼓励有条件的地区开展科技保险风险补偿试点。研究将科技项目研发费用损失保险、专利保险、知识产权海外侵权责任保险、数据知识产权被侵权损失保险等纳入市级专项资金的支持范围。实施小额贷款保证保险补贴，对于通过小额贷款保证保险新发放的贷款，对银行机构按照实际发

放贷款金额给予 0.5% 的业务奖励，对保险公司按照实际承保贷款金额给予 1% 的业务奖励。

（七）打造科技金融集聚区

引进一批财会、律所、评估、定价、代理等专业服务中介机构，积极打造高质量的科技金融集聚区。引导科技金融集聚区与河套深港科技创新合作区、光明科学城、西丽湖国际科教城、大运深港国际科教城、石岩湖科教城及深圳高新区等重点区域形成高效联动，构建科技金融发展良好生态，深化金融与科技创新的融合。

（八）大力发展金融科技，运用数字化手段推动科技型企业融资

深圳市相关金融机构逐步构建了适应科技型企业特点的信贷审批流程和信用评价模型，运用人工智能、大数据等信息技术提高了信用风险评估能力。深圳市政务服务和数据管理局进一步整合提供政务数据，发挥了"深 i 企"平台的作用，加强对公共数据资源的开发和利用。公共数据涵盖的信息包括小微企业的身份信息、企业地址、公积金缴纳、社保缴纳、债务、房产、水电等，这些数据的开发利用可以助力银行更好地为企业画像，更精准高效地为企业提供适配的金融产品及服务。同时，运用大数据等信息技术对企业需求和融资产品进行精准画像，实现企业融资需求自动匹配、银行融资产品智能推送等功能，并逐步引入银行、创投、保险等金融机构，形成多渠道金融服务机制，为企业提供便捷融资支持。以中国建设银行深圳市分行为例，依托中国建设银行创新的"技术流"评

价体系，深圳市有近 17 000 家高新技术企业被判断为优质企业，中国建设银行深圳市分行将其进一步分成小微企业、中型企业、头部核心企业，结合企业不同生长周期的特点和需求，差异化定制金融服务。

在科技金融政策的助力下，2023 年，深圳市战略性新兴产业增加值近 1.5 万亿元，同比增长 8.8%。截至 2022 年底，深圳市国家高新技术企业总量近 2.5 万家，商事主体数量和创新密度位列全国城市第一。最新数据显示，深圳市 2024 年 1—2 月新登记"20+8"产业集群企业有 1 万多家，同比增长 32%。2023 年，深圳市全社会研发投入 1880.5 亿元，同比增长 11.8%，占地区生产总值比重提升至 5.81%。

四、杭州——依托数字金融和创业投资构建科技金融及创新高地

杭州市是较早开展科技和金融结合工作探索的城市。经过 10 多年坚持不懈的努力，杭州市始终把加大财政科技投入、做大做强科技金融产业、增加社会贡献列为重要政策举措，在助力广大科技型中小企业创新创业发展中，构建起较为成熟的"无偿资助—天使投资—创业投资—政策担保—融资周转—投融资服务"的科技金融"杭州模式"。

2022 年 11 月，杭州市正式获批建设科创金融改革试验区。杭州市深入贯彻实施中央金融工作会议精神，锚定建设国内现代科创金融体系的实践窗口和金融服务支撑科技创新发展的示范基地这一总

体目标，聚力构建科技发展与金融创新良性互动、科技资源和金融资本高效对接的体制机制，做好科技金融大文章，助力杭州科技成果转移转化首选地和创新创业新天堂建设。

（一）打造企业全生命周期赋能平台

2022 年之前，杭州市科技和金融结合工作突出政策性定位，相关工作由市科技局、市发展改革委、市财政局等部门协同推进。2022 年底，根据市委、市政府以深化改革优化产业为主线的新一轮市属国有企业改革行动的要求，赋予杭州市国有资本投资运营有限公司"从事从早期科创投资到中后期产业投资全生命周期的国有资本投资运营公司"功能定位，先后完成杭州投资发展有限公司、杭州市高科技投资有限公司股权划转，成立以"科创投资＋科创担保＋科技周转＋科创小贷＋成果转化＋科创服务"为主业的全资子公司杭州市科创集团有限公司，整合天使引导基金、创投引导基金等，增强科创金融服务实体经济能力，升级打造规模 1000 亿元的杭州科创基金。

（二）聚焦重点产业赋能

为进一步发挥科创（产业）基金的引领撬动作用，更好地服务杭州市互联网＋、生物医药、新材料、新能源、装备制造五大产业生态圈战略性新兴产业集聚发展，杭州市把健全科创金融相关制度体系、明确科创金融对杭州科技企业的全生命周期支持的多层次体系和各项具体举措摆在工作的重要位置。2022 年，杭州市出台了《杭州市构筑科技成果转移转化首选地实施方案（2022—2026 年）》《构筑科技成果转移转化首选地的若干政策措施》，对加快建设市成果转化基金，鼓励社会资本投资科技成果转化，鼓励创投机构投早、投小、投科技提出了明确意见。2023年，杭州市制定了《关于打造"3+N"杭州产业基金集群聚力推动战略性新兴产业发展的实施意见》，明确市科创基金功能定位为政策性的政府引导基金，投资方向为"投早、投小、投科技"，投资阶段以初创期的科创投资（包括天使投资、创业投资）为主，重点为全市人才创业、中小企业创新、专精特新企业发展、科技成果转化提供政策性投融资服务。为确保市决策意见落地，杭州国有资本投资运营有限公司（简称"杭州资本"）制定了《杭州科创基金管理办法》《杭州科创基金实施细则》及操作规范。

（三）实践及成效

到2023年底，杭州市境内上市公司228家，市值2.73万亿元；杭州市境外上市公司74家，市值2.72万亿元，境内境外总市值达5.45万亿元，上市企业数量位居全国城市第四，展现了杭州市高质量发展的创新活力和资本实力。其中，科技和金融的结合做出了重要贡献。杭州科创基金（整合市创投引导基金、天使引导基金、成果转化基金等）累计总规模超600亿元，投资科技型中小企业金额达290亿元，累计助力110家企业上市。杭州高科技担保累计为6000多家（次）科技型企业提供融资担保贷款超212亿元，其中专精特新企业、国家高新技术企业、浙江省科技型中小企业等科创类企业占比超90%，政策周转总额超140亿元，为企业减费让利超3亿元。2023年，杭州全市科创贷款达3366.15亿元，同比增长

20.8%。

进行科技和金融结合改革一年来，在市国资委、市发展改革委、市科技局、市财政局的支持下，杭州资本通过改革聚能促体系新优势、统筹聚力促投资新动能、创新聚效促服务新生态的科创金融的"三聚三促"，取得良好成效。2023 年，新落地了 6 支成果转化基金合作子基金，累计合作总规模近 40 亿元。撬动社会资本超 7 倍，投资项目达 25 项，其中投向五大产业圈的项目有 24 项，在杭投资比例为 62.5%，已成功孵育高维医药、西湖烟山科技、艾维克生物等多项优秀成果转化项目。

五、苏州——产业链和金融深度服务制造业升级

苏州市通过创新财政科技专项资金使用方式，发挥"四两拨千斤"的引导效应，撬动债券、股权、保险等金融工具为科技创新发展提供增量资金和保障，精准施策，形成了"一库一池一平台"的工作体系，打造了科技金融"苏州模式"。

（一）充分发挥政府引导与支持作用

一是不断完善科技金融政策体系。2009 年，苏州市出台《关于加强科技金融结合促进科技型企业发展的若干意见》及配套办法，在全国率先提出开展科技金融工作，并不断完善相关政策，为科技金融的发展提供了明确的政策指引和保障。二是设立专项资金与风险补偿机制。苏州市财政每年划拨约 5000 万元科技专项资金，用于支持辖内科技企业，通过构建差异化的风险补偿体系，设立科技信

贷风险补偿资金池，降低银行放贷风险，有效引导金融机构支持科技企业。三是充分发挥政府引导基金的引导作用。2017 年，苏州设立创新产业发展引导基金，母基金总体规模为 500 亿元，首期规模为 120 亿元。母基金管理公司由民营资本控股，通过引导基金的投资，实现资本放大 5 ～ 10 倍。引入了生物医药、新能源、智能制造等领域的优秀项目落户苏州，带动了相关产业集聚发展。

（二）积极培育多层级科技企业，形成"一库一池一平台"工作体系

一是构建科技企业梯度培育库。苏州市将多层次科技企业培育工作放在突出位置，形成了总数达 7 万家的科技企业培育库。二是设立科技金融政策资金池。创新财政科技资金使用方式，通过政策性科技投资和公益性科技金融服务，赋能科技企业发展。通过公益性科技金融服务，设立 4.5 亿元科技信贷风险补偿资金池，引导银行加大对中小科技企业贷款力度，并配以科技贷款利息、科技保费补贴政策，降低企业融资成本。三是搭建科技金融生态圈平台。通过苏州市科技金融服务平台，进行线上投融资需求发布，为有融资需求的中小科技企业和各类金融机构构建了快速匹配、精准对接的融资渠道。

（三）创新科技信贷产品，持续探索迭代科技金融"苏州模式"

围绕让金融更好地服务科技型企业，持续探索迭代科技金融"苏州模式"。科技金融 1.0，让金融"做"科技。构建了普惠的科技信

贷风险补偿体系，帮助银行分担信贷风险。对科技部推动的产品责任险、产品质量保证保险等十三大类险种实行差异化的保费补贴政策，引导苏州市科技保险发展。科技金融2.0，让金融"懂"科技。推出人才贷、高企贷、数字贷等"一行一品牌"专属产品，以最高80%的风险补偿比例政策，引导银行结合自身优势深耕科创客群。针对市独角兽培育企业首创科技项目研发费用损失保险，为高成长科技型企业实施科技研发项目提供风险保障。科技金融3.0，让金融"专"产业。推出产业创新集群贷，实现"统一授信、入榜即贷"。强化科技保险创新险种对产业创新的保障作用，推动集成电路流片险、生物医药临床试验险等险种为产业研发风险点提供保障。科技金融4.0，让金融"用"数据。2023年底，构建了苏州科创指数评价体系，从企业资质、经营状况、创新人才、创新投入、创新产出五大维度，遴选40个指标（其中科创类指标占2/3），对全市7万家科技型企业的创新能力进行精准画像。推动银行机构根据分值设定贷款授信额度，实现"一键测分，以分定贷"。

六、武汉——以光谷科创引擎强化政产学研金协同发展

武汉市高度重视科技金融工作，将开展科创金融创新工作作为贯彻习近平总书记五次考察湖北武汉时指示精神的重要措施及建设具有全国影响力的科技创新中心的重要抓手，围绕《市人民政府关于进一步深化科技金融改革创新的实施意见》（武政〔2021〕11号）有关要求，探索工作机制，推动构建全生命周期的科技金融服务体

系，支持科技型企业加快培育发展。

（一）建立科技信贷产品体系

持续深化政银协同机制，发挥政策性融资担保和信用保证保险作用，在中国人民银行武汉分行营业管理部的指导下，联合商业银行、融资担保、保险等金融机构创新推出"科担贷""科保贷"融资模式，合理设计风险分担比例和成本缓释机制，降低科技企业融资门槛。丰富贴息产品，连续两年开展特色科技信贷产品征集工作，按照"科技出题、金融答题"原则，组织科技企业遴选，将中信银行信 e 融贷、汉口银行科企贷等 11 款特色科技信贷产品纳入合作产品目录，使其享受贴息支持。目前，"2+X"的科技信贷产品体系初步建立，并不断丰富。2023 年，完成 54 家科技型企业科技贷款补贴政策兑现，补贴资金为 378.56 万元；全市科技型企业贷款余额为 4496.97 亿元，同比增长 11.56%。2024 年，与省科技融资担保公司合作推出"科担园区贷"、与市融资担保公司合作推出"孵化贷"、与汉口银行合作推出"科创成果转化贷"等产品。

（二）设立"白名单"，培育科技"首贷户"

在中国人民银行武汉分行营业管理部的支持下，高新技术企业被纳入科技型企业融资支持"白名单"，商业银行将增加有效信贷供给，对纳入白名单的企业实施差别化信贷政策，并实施一对一精准服务。开展"线上+线下"联动的"首贷户"培育工作，以"汉融通"线上首贷服务中心为基础，依托科技金融工作站建立了武汉地区金融系统线下首贷服务站，首贷服务的覆盖面不断扩大。

（三）推进科技创新再贷款

为积极争取国家科技创新再贷款政策，武汉市科技创新局通过金融机构征信系统、国家高新技术企业库和科技型中小企业库进行数据比对，筛选出市科技创新再贷款备选项目 8613 项，其中首批贷款企业 492 家（湖北省共 498 家），在全国城市中位列第三。

（四）引导社会资本投早、投小

按照《武汉产业发展基金管理办法》所明确的职责任务，注重结合创新主体梯次培育、成果转化联络员深度挖掘、科技金融工作站征集等投融资需求，遴选优质项目，累计推送项目 300 余项。支持武汉投控集团设立总规模 100 亿元的武汉创新发展基金，主动拜访长江投资集团和楚天凤鸣科创天使基金、中国科学院武汉母基金等企业，协调洪山区、江夏区和东西湖区等政府引导基金，诚邀其参与基金设立。引导华工科技园用自有资金设立概念验证专项资金 1000 万元。撮合烽火创投联合洪山区政府、光迅科技、烽火创新谷共同出资设立了信科概念验证天使创业投资基金 3 亿元，该支基金也是全国首支市场化支持概念验证的投资基金。

（五）支持武汉基金组建武汉科创投资服务联盟

支持武汉基金组建武汉科创投资服务联盟，打造科技创新投资服务平台，引导国内外股权投资机构在武汉聚集发展。2023 年 5 月，武汉科创投资服务联盟协办"新时代的母基金"全国研讨会，全国 50 余家著名机构齐聚武汉，促进了创投行业交流，提升了武汉科创金融服务品牌形象，也吸引了全国优秀机构关注武汉、投资武汉。

（六）创新科技金融服务模式

2021年以来，武汉市科技创新局联合市金融局在创业孵化载体内试点设立科技金融工作站，引导银行、投资、保险等金融机构入驻工作站，精准服务入孵企业。2024年，全市已设立57个科技金融工作站，覆盖12个城区及开发区，精准匹配272名科技金融业务员，初步搭建起以科技金融工作站为节点的科技金融服务网络。2023年，科技金融工作站共举办各类投融资活动600场，服务科技企业6000家次，帮助企业获得科技贷款299笔，贷款金额达11亿元；获得股权投资77笔，投资金额达18亿元。

（七）举办多样化金融服务活动

武汉市科技创新局连续3年与中国人民银行湖北省分行营业管理部、市金融局联合举办科技金融"早春行"活动，宣讲最新科技金融政策，推介创新金融产品。举办"科技金融助力经济——科技金融业务员在行动"活动，组织金融业务员开展科技企业大走访活动。2022年，启动科技创业投资沙龙系列活动，每月举办两场沙龙活动，通过投资专家面对面对企业进行辅导，帮助企业树立资本意识，解决早期投融资规划和布局问题。累计举办投资沙龙活动40余场，辅导企业194家，初步形成了科技金融服务特色品牌。2023年4月，科技创业投资沙龙训练营开班，对参加2022年度科技创业投资沙龙的路演项目企业进行再辅导，围绕科技企业"融资难、上市走弯路"的共性问题，给出个性化的解决方案。

七、合肥——通过政府牵引打造科创产业集群

安徽省围绕推动"科技—产业—金融"良性循环，通过"强化协同效应、改革先行、系统推进"，聚焦解决以科技创新推动产业创新过程中的融资难题，探索了"合肥模式"。

（一）强化资源整合和工作协同，构建科技金融顶层设计

安徽省坚持"政府引导、市场主导、多方联动"的原则，抓住合肥国家科创金融改革试验区试点等机遇，强化科技金融工作组织领导，推进完善工作机制。一是坚持全省工作"一盘棋"。省政府成立科创金融改革领导协调小组，基本形成"省委省政府顶层设计—主管部门引导推动—金融机构细化实施"的工作格局。二是加强部门协同，推动"政产学研金服用"融合发展。省人民政府办公厅印发《安徽省加快构建"政产学研金服用"融合发展机制行动方案》，以体制机制创新为牵引、以精准高效匹配产业需求为目标，坚持有效市场和有为政府一体发力，破解科技、产业、教育、金融融合对接机制不顺畅等问题。三是建立科技金融容错机制。出台《关于在国有资本投资科创企业审计中建立容错机制的实施意见（试行）》，明确国有资本投资在审计工作中不做负面评价的事项。省内各金融机构在授信审批、激励考核、风险容忍度等方面实行差异化管理。

（二）聚焦解决信贷收益和风险难平衡问题，创立金融支持科创企业"共同成长计划"

为破解银行对科技型企业信贷收益和风险难平衡这一核心问题，

2023 年，安徽在全国首创金融支持科创企业"共同成长计划"的信贷模式，探索开展风险共担、收益共享的银企战略合作。该模式的显著特点是改变银行传统上以企业财务数据为主的授信评级方式，转向更加关注企业未来发展潜力的"技术流"授信评级。新的评级方式以"看未来"视角审视科技型企业融资，不仅考虑企业的专利数量和技术含量，还注重技术转化效率等多个维度，对科技型企业开展综合评估授信，提高了企业的贷款获得率。截至 2024 年 6 月，安徽已有 101 家银行加入"共同成长计划"，累计为 10 076 家企业发放贷款 1493 亿元。

（三）聚焦解决小微科技型企业融资服务碎片化问题，推出"贷投批量联动"试点

为解决传统"投贷联动"模式中债权与股权难界定、风险难隔离等问题，2021 年，安徽在合肥高新区率先推出"贷投批量联动"试点。一是建立白名单与批量推荐制度，由试点地区政府选择区内新兴产业领域科技含量高、发展前景好的初创期科技型企业纳入白名单，分行业批量向试点银行、投资机构推荐，解决银行看得准行业赛道、看不准单个企业的问题。二是构建多样化股债联动模式，试点银行、投资机构在白名单内选择企业开展"先投后贷""先贷后投""贷投同步"等股债组合联动业务，实现批发式小额股贷联动模式创新。三是重点选择合肥高投等有国资背景的专业化创投机构参与，通过债权与股权互为背书的方式，形成了信贷和投资共生的良性循环。2024 年，"贷投批量联动"模式已复制推广至安徽省内 6 市 8 县区，累计为 1321 家科技型企业提供 542 亿元资金支持。

（四）聚焦解决银行信贷后顾之忧问题，建立完善科技融资担保服务和风险补偿机制

为解决科技型企业信用不足、预期不稳定、难以获得信贷支持的困境，同时也为政府性融资担保服务拓展新业态、新场景，2018年底，安徽在原有政府性融资担保体系的基础上，设立全国首家省级政府性科技担保公司，并于2019年在全国率先建立覆盖省市县三级的政府性科技融资担保体系。一是推出系列融资担保新产品，包括"科技担""批量担""科联担""科转担"等，为科技型企业提供无抵押、高效率、低成本的融资增信解决方案。2024年6月底，全省累计开展科技融资担保业务1334.07亿元，涉及18 708家（次）企业。其中，完成174.99亿元，完成年度目标的87.50%。截至2024年6月底，科技融资担保公司累计代偿5281.39万元、28家（直保累计代偿5017.33万元、23家，分保累计代偿264.06万元、5家），累计代偿率为0.33%。二是设立省级科技企业贷款风险补偿资金池，用于补偿合作银行和担保机构开展的科技贷款所产生的本金损失，放款项目数量增长迅速，银行和担保机构风险得到有效分散，担保机构担保意愿和银行贷款意愿明显增强。

（五）聚焦解决支持科创的耐心资本发展不足问题，以战略投资思路构建政府性引导基金体系

针对市场化基金更多追求短期效益、进入科创早期意愿不强的问题，近年来，安徽通过大力实施零基预算改革，强化对各类财政资金和国有资本的整合，"以拨转投"转变资金使用方式，组建政

府性引导投资基金。一是构建贯穿企业全生命周期的基金体系，明确政府性引导投资基金不与社会资本争利的原则，联合优质产业资本、社会资本，构建种子资金、天使基金、产业基金、创投资金、科创基金等，实现对科创企业"接力投"。二是充分结合地方产业发展情况构建基金群，按照"一产业一基金"的思路，整合原有政府投资基金，吸引和引导社会资本摒弃"急功近利、快进快出"的心态，参与构建计划总规模为2000亿元的新兴产业母子基金群，为更多优质科技型企业提供长期资金支持。三是注重遵循市场规律，完善基金运营的容错机制，通过让渡超额收益、设定较高的可容忍亏损幅度等方式，增强功能性、弱化营利性，撬动更多社会资本进入股权投资领域，促进长期耐心资本形成。四是善用资本市场，遵循"不谋求控股权，产业向好发展后及时退出，再投入下一个项目"基本路径，实现资金、项目、产业滚动循环发展。

八、成都——西部数字化枢纽加快推进"四链"融合

成都市加快推进创新链产业链资金链人才链深度融合，全力做好科技金融大文章，持续加强科技金融管理机构建设、服务机构建设、服务产品创新，不断夯实全市科技金融服务体系，有力支撑了成都市的高质量发展。

（一）构建协同工作的科技金融管理体系

2017年，成都市科技局在全国率先成立了推动科技金融工作的专门处室（科技金融处），协调推动全市科技金融创新，拟定全市

科技金融发展规划、政策和年度计划并组织实施。同时，市属事业单位成都生产力促进中心成立了科技金融部，具体承接天使基金建设、政策性科技信贷产品推广、科技金融服务平台运营等科技金融工作，为科技企业提供公益性科技金融服务。

在制度建设方面，出台天使投资政策，建立"引导＋让利"的股权投资引导机制，政府财政出资4年内可以保本退出，所享超额投资收益100%让渡给社会投资者。加强天使投资引导资金和知识产权运营母基金的运营，聚焦"投早、投小、投新、投硬"，解决科技创新企业"最先一公里"的资金来源问题。出台债权融资政策，建立"增信＋风险分担"的债权融资机制，设立债权融资风险补偿资金，政府最高帮助银行承担50%的风险，帮助企业增信并利用企业信用、股权、知识产权获得银行贷款，解决轻资产科技企业的债权融资"首贷"问题。出台普惠扶持政策，建立"财政科技经费＋社会资本"协同支持机制，转变传统科技项目立项模式，对获得银行贷款、创投投资、上市融资的科技企业，通过后补助的形式给予一定比例（额度）的配套资助，实现财政金融联动，降低企业融资成本。

（二）创新实施"科创贷"，增信用担风险去抵押，解决科技型中小微企业贷款难问题

为解决"轻资产、高风险、缺抵押"的科技型中小微企业贷款难问题，创新财政科技资金使用方式，构建"增信＋风险分担"的债权融资机制，联合金融机构开发实施"科创贷"系列贷款产品，迭代推出"人才贷""研发贷""成果贷""积分贷"等精准细分产品，

帮助轻资产的科技型中小微企业，通过信用、股权、知识产权获得"纯信用"的贷款支持，在科技企业最需要贷款融资的阶段"雪中送炭"，助力科技型中小微企业积累信用、发展壮大，走出"死亡之谷"。截至 2023 年底，"科创贷"累计为科技型企业放款 10 444 笔（3404 家）、328.56 亿元。

（三）设立天使投资引导资金，引导让利打造早期基金群，撬动社会资本"投早、投小、投科技"

为解决种子期、初创期阶段科技项目股权融资的"市场失灵"问题，建立"引导＋让利"的股权投资引导机制，设立 3.5 亿元的天使投资引导资金、3 亿元的知识产权运营母基金，联合高校院所等创新源头、上市公司等链主企业、国内外知名早期投资机构，共同设立天使投资基金、知识产权运营子基金，投资孵化硬核科技成果转化项目，加快培育未来产业。累计运用 3.5 亿元的天使投资引导资金，联合社会资本组建 23 支、30.95 亿元的天使投资基金；运用 3 亿元的知识产权运营母基金，联合社会资本组建 7 支、27.91 亿元的子基金；累计投资项目 262 项，金额达 32.77 亿元。"科创投"系列基金群投资的天微电子、海创药业、格灵深瞳等 3 家企业已经在科创板上市，合纵药易购、观想科技已经在创业板顺利上市。

（四）开发"科创贴"产品，财政资金与社会资本联动支持，降低科技企业融资成本

为解决科技型中小企业融资贵等问题，实施科技金融资助配套支持政策，采取后补助的形式，对获取金融资源支持的企业给予无

偿资助。截至 2023 年底，累计运用 5.37 亿元专项补贴资金，对获得天使投资、债权融资、新三板挂牌、科技保险等融资的 6712 家（次）企业进行了配套资助，在天使投资补助方面，按照科技企业获得的天使投资额给予 10%、最高 100 万元的配套补助，累计对 535 家科技企业补助 1.94 亿元，带动天使投资机构投资超 50 亿元。获得天使投资补助的企业中，成都纵横、海创药业等已经在科创板成功上市。

（五）开发"科创保"产品，聚焦科技企业需求开发针对性科技保险险种，缓释科技企业创新风险

充分发挥科技保险的风险缓释作用，鼓励科技企业购买科技保险服务，重点在科技项目的研发损失赔付、高管及关键研发人员的人身保障、科技企业贷款的还款保证等方面为科技企业保驾护航。按照"重点引导类 + 一般引导类"方式对科技企业给予保险支持，对科技企业购买科技保险的费用给予最高 60% 的补贴，引导保险机构开发首台（套）重大技术装备综合保险、企业研发费用损失保险、贷款保证保险等针对性险种。截至 2023 年底，开展科技保险服务的保险公司从 2013 年的 6 家增加到 2024 年的 24 家，险种从 49 个增加到 390 个，已经累计为科技企业补贴 11 691.72 万元。

（六）搭建"科创通"科技金融服务平台，充分利用大数据等科技手段赋能，推动资本与"知本"精准对接

升级"科创通"科技金融服务功能，建设"科创通"平台企业评价体系，完善科技企业数据画像功能，探索"科技企业创新积

分""科技企业数据画像"的场景化应用实践，实现"让数据多跑路，让企业少跑腿"，推动资本与"知本"无缝对接。2021年，"科创通"平台获得国务院第八次大督查通报表扬。2023年底，推出首个应用科技企业创新积分的科技金融产品"积分贷"，已放款30笔，金额为1.45亿元。截至目前，平台汇聚科技型中小企业4.02万家、银行机构48家、股权投资机构88家，科技保险机构13家，累计帮助4235家科技型企业获得融资410.89亿元。

（七）成都科创投集团构建"天使+科创+S基金+重产"全链条投资体系，加快推动科技成果转化

对标深创投等国内标杆国资创投机构成立成都科创投集团，构建符合创业投资行业特点的业务模式和运行机制，着力打造"天使+科创+S基金+重产"的投资体系，构建满足企业天使期、初创期、成长期、成熟期的全生命周期投资体系，建立资本与技术融合的创投生态，推动原创性成果和颠覆性技术的转化。截至2023年底，"重产+科创"基金群规模已超过1200亿元；累计投资科技型企业452家，投资金额达110亿元，实现投资企业首次公开募股（IPO）及并购退出29家，充分发挥国有投资基金的引导带动作用，有效助力科技、产业、金融融通发展。

（八）成都银行发挥本土城商行支持科技型中小企业发展的"首位"作用

成都银行以专精特新企业、高新技术企业和科技型中小企业为重点服务对象，通过"专项政策＋专属产品＋专营机构＋专业团队"

的"四专服务模式"来推动全行科技金融业务发展。在专项政策方面，落实减费让利政策，为科技型企业降本减负；执行尽职免责制度，调动授信人员工作积极性。在专属产品方面，与省、市、区三级政府科技部门合作推出多个科技金融信贷产品，促进信贷资金"精准滴灌"。在专营机构方面，率先成立全国首批科技专营支行，建立"专营机构＋专业团队＋专项授信＋专属产品"服务模式。在专业团队方面，通过"外引内培"打造一批精通科技与金融的复合型人才。截至2023年底，以"科创贷"为代表的6款科技金融专属产品，已累计为2600余家科技型企业提供信贷资金超258亿元。其中，成都银行的"科创贷"已累计支持企业1900余家，投放信贷资金近200亿元。

（九）成都高新区创新实施"股债通"投贷联动服务，"银行＋担保＋券商"合力助推科技企业快速成长

为破解科技型中小企业融资的结构性矛盾，探索"投贷保联动"服务新路径，2021年，成都高新区发起设立了四川省内首个投贷保联动政策性金融产品"股债通"，产品最长期限为3年，综合融资额度最高为5000万元，有效支持了成长期科技型中小企业快速发展壮大。"股债通"产品引入担保机构作为纽带，通过对债权端的担保和对股权配套基金的投资，通过分享投资收益达到风险与收益平衡，有效撬动了券商资金、银行资金，实现了1+1+1大于3的效果。截至2023年底，"股债通"已累计过会27家企业，帮助22家企业获得2.6亿元融资，支持了成都阜特科技、佩德生物、华存智谷、邦普精密、碧傲竞生物等一批科技企业。

（十）成都高新区打造百亿元天使母基金，撬动社会资本"投早、投小、投科技"

成都高新区高质量建设 100 亿元天使母基金，大力实施"应投尽投行动计划"，引导创新资本向科创属性强、人才密度大的科技型企业集聚。一是创新天使母基金顶层设计。加强政策创新吸引头部天使基金合伙人，设置最高 50% 比例出资、200% 返投认定、80% 超额收益让利；培育海量"金种子"备投成果转化项目，加快建设中试平台、新研机构、校地合作平台，涵养优质项目源；优化尽职免责机制，严格落实"三个区分开来"，激发母基金管理人活力；首创"三生"分类竞选择优合作机制，开卷考试量化筛选子基金合作机构。二是健全"金熊猫"创投生态。高起点实施 A30 培育计划，培育天使投资人"生力军"；高规格出台投融资激励政策，加速投资机构聚集；高水平完善投融资服务体系，提升资本链接质效。截至 2023 年底，天使母基金累计投资 18 支、总规模为 113.5 亿元的天使子基金，已与 18 家全国前 20 强早期创投机构开展基金合作，基本实现全国头部机构合作全覆盖。

九、西安——依托硬科技和政策创新加速科技成果转化

西安市通过不断探索实践，围绕科技型中小微企业融资需求，基本形成了"股贷债保"联动的多层次资本市场融资政策和服务支撑体系。通过设立创新投资引导基金，实施投资奖励、增信、

贴息、担保补助、风险分担等政策措施，在天使投资、无形资产质押、科技保险、技术合同及资产证券化（ABS）等方面，引导社会资本服务科技企业发展，尤其是围绕技术交易合同构建新的融资场景，开展的探索实践取得了初步成效。

（一）构建科技金融发展的政策体系

西安科技金融服务中心由西安市人民政府于 2012 年 12 月批准成立，在西安市科技局指导下负责市科技金融融合工作，通过构建科技金融合作政策体系、机构体系、产品体系和科技金融结合服务平台，为科技企业提供全面的科技金融服务，促进西安市科技企业群体健康快速发展。

2022 年以来，西安市出台了《西安市人民政府办公厅关于印发支持科技企业创新发展若干措施的通知》（市政办发〔2022〕47 号）、《西安市人民政府办公厅关于印发加强金融支持科创企业健康发展若干措施的通知》（市政办发〔2022〕50 号），从加强科技信贷服务、创新科技金融产品、优化企业融资环境等方面，助力科技企业发展壮大，提升金融服务实体经济科技创新的能力。配套出台了《西安市科学技术局 西安市财政局关于发挥科技金融支撑作用 支持科技企业健康发展若干措施的通知》（市科发〔2022〕72 号）、《西安市科技金融服务工作站管理办法（试行）》（市科发〔2022〕121 号）、《西安市科学技术局 西安市财政局关于印发西安市技术产权资产证券化（票据化）试点工作指引（暂行）的通知》（市科发〔2022〕145 号）等相关政策文件，科技金融政策体系不断健全完善。

（二）推出"技术交易信用贷"取得新实效

着眼进一步拓宽轻资产科技企业融资渠道，为技术要素与资金要素融合创造场景，出台了基于技术交易合同的科技金融特殊增信政策。以"企业创新就是信用，市场需求就是信号"为理念，推出了"技术交易信用贷"政策，为科技型企业开辟了获得银行纯信用直接贷款的新途径，该举措被《全国优化营商环境简报》作为典型经验刊发，中央科技委员会工作简报（2023年第4期）在"地方动态"栏目中刊登了《西安市探索推行"技术交易信用贷"》，陕西省营商办将"技术交易信用贷"作为2023年第一批优化营商环境典型案例，在全省推广。截至2023年底，共与中国银行、浦发银行、兴业银行、招商银行、交通银行、成都银行、重庆银行7家驻市银行签约，累计推荐帮助203家（次）科技型中小微企业获得贷款授信9.52亿元，实际帮助170家（次）企业获得贷款7.18亿元，平均每家企业获得贷款423万元，最高达到833万元。

"技术交易信用贷"简化了贷款程序、降低了融资成本，让企业"愿意贷"；通过政府增信风险分担使银行"敢放贷"；引入的技术合同让金融支持企业"更精准"。技术交易信用贷不但拓展了科技企业融资渠道，同时破解了知识产权质押融资中的作价评估难、处置难等问题，也为产业链、创新链和资金链融合搭建了场景，为银行评价科技型中小企业提供了新的维度。

（三）探索拓宽科技型企业凭"技"融资渠道取得创新

探索推动技术产权资产证券化（票据化）业务落地。组织专项政策交流宣讲会和项目路演 10 场，积极对接上交所和深交所，推荐西安科技金融政策产品。开展技术产权资产证券化业务，挖掘科技企业持有的"知识产权＋技术交易合同应收账款"作为底层资产，以国有融资平台优质信用为支撑，帮助企业凭"技"融资，化"技术流"为"现金流"，实现了全国首批技术产权（技术交易）资产证券化业务在西安落地，并成功入选 2023 年度国家全面创新改革试点任务。组织高新区、西咸新区申报的技术产权（技术交易）资产支持专项计划已通过深交所审核，规模为 8.27 亿元。2023 年 8 月 25 日，全国首项技术产权（技术交易）资产证券化项目在深交所挂牌上市，项目以 12 家科技型中小企业持有的 31 件核心技术专利及 14 笔技术交易合同为底层资产，金额为 1 亿元，票面利率为 3.85%，信用评级为 AAA，期限 3 年。2023 年底，该项目二期已经完成贷款合同签订工作，12 家科技型中小企业获得 9600 万元的融资，2024 年 3 月底在深交所发行。

技术产权（技术交易）资产证券化是地方政府、国有融资平台、商业银行、担保公司、券商及交易所等多方参与合作，促进科技型中小企业尤其是民营企业批量获得高额度、低成本、长期限的融资新路径，对于发挥多层次资本市场作用、支持西安市科技创新和科技型企业培育壮大具有积极的意义。

（四）构建完善服务保障支撑体系

自 2022 年 10 月起，以区县、开发区科技管理部门为依托，开展科技金融服务工作站申报评审和认定工作，支持西咸新区秦创原总窗口等 28 家单位设立科技金融服务工作站，鼓励驻市银行进站开展服务。工作站联合辖区银行、投资公司、保险公司等金融机构，深入科技型企业，开展建档立卡、对接融资需求、政策解读、投资路演等科技金融服务，通过有效整合"政银企"三方政策、资金和技术优势，实现企业与金融机构供需快速匹配，进一步打通科技金融服务向园区和企业延伸的通道，建立了较为完善的科技金融服务保障体系。2023年，全市科技金融服务工作站已完成科技企业建档7724份，完成政策宣传、融资培训等活动227次，完成投融资对接路演活动130次，涉及1136家企业，获得融资总额共计108.6亿元。

（五）多措并举助力优化营商环境

指导西安科技金融服务中心和西安科技大市场建设秦创原·科技金融网上直播服务平台，并联合科技金融服务工作站、银行、担保机构等举办政策宣讲、融资对接、金融产品推介等线上培训会66场，总观看人数超过10万人次，拓展了科技金融政策的知晓度和覆盖面。持续举办投融资对接活动，指导秦创原·西安科技金融服务平台举办西安交通大学、西北工业大学等高校成果转化科创项目融资路演活动20场、秦创原·西安国际创业大赛优选项目融资对接会7场，百余项优质项目参与融资路演。持续提升服务质量和效益。不断健全完善"政银保担投"业务联动机制，定期召开合作金融机构工作联席会议，充分交流工作情况、存在的问题。2024年，科技金融合作机构共98家，包含银行25家、担保公司20家、保险公司2家、投资机构51家。2022—2023年科技金融累计服务企业1545家（次），贷款额达到69.6亿元。

十、地方实践经验小结

总体来看，典型地区已经初步构建了有力支持科技型企业发展的科技金融生态，相关经验做法值得推广借鉴。

（一）政府搭建顶层设计，进行系统化设计

各典型地区的科技金融发展实践案例都体现了政府系统化设计的理念，通过充分发挥财政资金对科技创新活动的引导、担保、分担风险功能，推进市场化运作。地方政府通过顶层设计的"大动作"，构建了较为清晰的区域科技金融发展路径，通过制定出台相关配套政策或优化流程，从政策规范、组织协调、落实保障等方面加强政府支持力度，实现了省级与市级、区级联动，科技、金融、产业协同，财政与各类金融工具的协同。例如，北京出台多项政策推进中关村科创金融改革试验区建设，明确重点任务和实施路径；杭州制定科创金融相关制度，为科技企业全生命周期提供支持。这启示其他地区应结合本地实际，制定系统、针对性强的政策，明确科技金融发展方向和目标，引导金融资源向科技领域集聚。

（二）充分发挥财政资金引导与撬动作用，构建日益完备的政府引导基金体系

近年来，伴随我国国家级引导基金设立数量保持稳定，地方政府引导基金频频出现，这些政府引导基金以整合现有基金、填补市场空白和政府引导基金接续为主，聚焦地方战略性新兴产业发展，重点引导社会资本"投早、投小、投科技"，促进产业结构转型升

级。例如，广州设立科技成果产业化引导基金，带动社会资本投资；重庆通过种子、天使、风险投资三支政府创投引导基金，构建覆盖企业全生命周期的股权投资体系。

（三）建立健全科技金融要素市场功能，推动科技和金融深度融合

在间接融资方面，充分运用风险补偿机制，发挥银行融资主渠道作用。针对科技型及高成长型企业资产少、融资难、融资贵、贷款期限短等难点痛点，地方政府及金融机构打出以信贷风险补偿机制为核心的间接融资"组合拳"，通过鼓励银行机构加大对科创企业的信贷投放力度、加强股债联动模式创新、用好用足货币政策工具，不断完善政策性信贷产品体系，增强科技信贷供给。

在直接融资方面，多渠道对接多层次资本市场，拓宽市场主体融资渠道。当前，我国形成了北京、上海、深圳三足鼎立的科技证券市场，这对于更好发挥资本市场的功能作用、促进科技与资本融合、支持中小企业创新发展具有重要意义。创业投资是激发创新创业市场活力的关键力量，为创新活动提供了重要的"场域"。它能够发现和培育具有创新潜力的项目和企业，加速科技成果转化为实际生产力。活跃的创业投资氛围，能吸引更多的创新人才和资源聚集，形成良好的创新创业生态。以江苏、浙江、北京、上海等地为代表，通过发展创业投资，让创业投资更好地发挥对科技创新的支持作用，推动更多创新企业成长壮大，为经济发展注入新动力。

（四）夯实科技金融的制度基础，精准识别科技型企业

地方政府除提供资金等要素聚集、鼓励引导金融改革创新以外，还积极搭建服务平台，主动帮助服务项目完善融资计划和方案，主动对接金融及创业投资机构，激活集聚整合科技与金融政策和资金资源，协助企业开展后续融资，推动缓解后续发展的资金瓶颈问题。通过构建"综合性"服务体系，缓解初创期企业普遍存在的企业管理和综合能力短板问题，着力破解初创企业创业难题，提高创业效率和成功率。例如，合肥通过搭建平台、创新产品等一系列务实举措，以"科大硅谷"为载体，构建了科创金融服务体系；苏州通过构建科技企业梯度培育库，对科技企业进行精准画像，实现科技与金融的精准对接。科技金融的制度基础是实现科技与金融有效对接的重要保障。

第八章

中国科技金融发展的现实挑战

面对日益严峻的国际形势，高效的科技投入是支撑科技强国建设和推进中国式现代化的重要物质基础，深化科技金融体制改革是推进中国式现代化的内在需求。尽管我国科技金融已经取得长足进展，但金融服务于实体经济的效率还有待提升，金融供给与科技创新需求的匹配度还不够高，金融创新还有很大的延伸空间。

一、科技需求与金融供给间存在五大矛盾

从我国发展的实践看，金融深化为科技创新发展提供了重要支撑。但与我国创新体系发展的需求相比，科技需求与金融供给间存在五大矛盾。

（一）科技创新巨大需求与金融有效供给不足的矛盾

一般而言，技术研发、成果转化、产业化所需要的资金比例为 1 ： 10 ： 100。2020 年，我国全社会研发经费投入 2.44 万亿元，按此测算，我国在科技成果转化与产业化阶段的资金需求巨大。相比而言，2020 年我国社会融资规模为 34.86 万亿元，与科技创新的需求总量相比明显不足。

（二）科技创新长期投入与金融资本短期供给的矛盾

科技创新活动往往具有长周期特点，需要稳定、长效的资金支持。以战略性新兴产业为例，产品的研发周期通常在 10 年左右（表 8-1）。然而，我国主流金融产品的投资期限往往与创新产品的研发周期特征不相适应，如债权类金融产品以 1 ～ 3 年为主，股权类金融产品以 3 ～ 5 年为主。

表 8-1　战略性新兴产业产品研发周期

行业	产品研发周期	主要核心技术
新一代信息技术	5 年	通信技术、大数据、云计算、人工智能等
高端装备制造	8 年	集成电路、元器件、关键零部件、核心材料等
新材料	10 年	化工新技术、纳米技术、电光声磁技术等
生物医药	12 年	基因工程、光学、组织工程、生物芯片、化学工艺等
新能源汽车	8 年	电机技术、电池技术、电控技术等
新能源与节能环保	10 年	能源转换技术、储存与传输技术等

（三）科技创新前端需求与金融偏后端供给的矛盾

从科技创新的规律看，创新链前端技术往往具有强大的生命力，可能衍生诸多相关技术的突破并带动创新链整体的发展。然而金融机构出于分散风险、变现盈利等因素的考虑，更倾向于将资金投向创新链的中后端。例如，2019 年中国银行业企业信贷中仅有 9.6% 投向成立 5 年内的企业；2020 年我国创业投资机构投资于种子期、起步期的资金分别仅占 9.1%、23.8%，政府主导的产业基金也主要投向创新链后端项目。

（四）科技创新全链条差异化需求与金融产品同质化供给的矛盾

科技创新活动通常包括研究开发、小试、中试、工业生产、产业化、市场化等阶段，不同阶段面临的投资风险、投资需求均有较大差异。然而，我国金融产品创新不足，准入门槛单一，同质化问题较为严重。例如，金融机构大部分的信贷产品都强调主体信用评级，且要求房屋等资产抵押。

（五）科技创新不确定性与金融稳健性管理的矛盾

科技创新活动具有较大的不确定性，一旦项目失败，前期投入的资金很可能无法收回。金融机构具有稳定性偏好，追求确定性回报，在金融机构低风险监管要求与科技创新高风险特征错配的情况下，往往表现出风险厌恶，导致银行参与创新投资的动力不足。

二、金融支持创新体系不足的深层次原因分析

总体而言，我国的科技投入总量相对不足，结构性问题是当前需重点解决的主要矛盾，急需加快形成多元化投入格局。金融支持创新体系不足的深层次原因如下。

（一）企业缺乏创新能力，对金融资本吸引力不足

金融的本质是逐利的，只有能带来高收益的项目才能获得资

本青睐。然而，我国企业创新能力不强，难以带来丰厚回报，对金融资本吸引力不足。以专利为例，我国高水平专利数量不足（表 8-2）；2020 年我国知识产权使用费[①]出口额仅为 86.8 亿美元，出口逆差为 289.5 亿美元，且呈不断增大趋势。全球典型国家知识产权使用费净出口示意（2008—2019 年）如图 8-1 所示。

表 8-2　中美专利结构对比（2019 年）

国家	一般专利数量占比	重要专利数量占比	核心专利数量占比
中国	91.58%	6.14%	2.28%
美国	53.24%	42.38%	4.38%

资料来源：Innography 专利综合分析数据库。

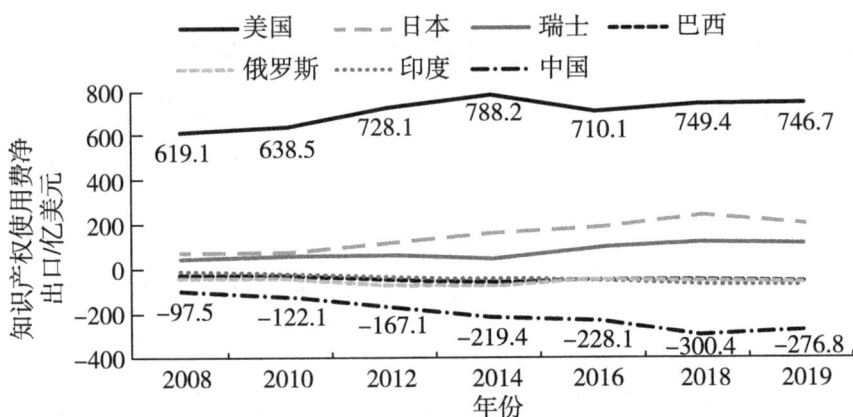

图 8-1　全球典型国家知识产权使用费净出口示意（2008—2019 年）

［资料来源：世界知识产权组织（WIPO）］

① 知识产权使用费衡量了专利的市场价值，知识产权使用费出口额低在一定程度上表明我国企业自主创新能力不强，若不掌握产品的核心专利和品牌，往往需要支付大量知识产权使用费。

（二）金融体制机制存在障碍，导致资金不能有效进入

实践表明，我国金融供给与创新需求尚不匹配，金融资本进入创新活动仍然存在体制机制障碍。

创业投资缺乏长期耐心资本。银行资金受《关于规范金融机构资产管理业务的指导意见》限制，难以进入创业投资领域，保险资金因风险偏好较低出资积极性不高，社保基金只有少量配置于创业投资。受财政和国有资金性质影响，投资偏重于"安全性"，难以有效实现引导功能。此外，S 基金发育尚不成熟、资本市场 IPO 发行缓慢等，导致创业投资退出渠道狭窄，资本循环不畅。

资本市场发育不足。缺乏针对科技型中小企业的差异化制度安排。2020 年，上市（挂牌）高新技术公司融资总额为 15 029 亿元，其中战略性新兴产业的融资总额为 5913 亿元，占比仅为 38.87%[①]。资本市场制度化体系有待完善，证券市场基础制度有待完善，并购市场发育不足，区域性股权交易市场发育不成熟，难以实现资本的有效退出与循环发展。

银行创新与服务能力不足。从国际指标测算看，我国银行的服务能力和效率与美国等发达国家还存在一定差距（表 8-3）。银行风控体系难以满足科技型中小企业需求，传统银行针对投资项目的风险管控严格，对抵质押物估值确定性及变现能力的要求较高。缺乏针对科技型中小企业的金融产品创新。知识产权流转存在登记难、

---

① 数据来源：Wind 数据库。在全样本中分析战略性新兴产业时，主要考虑新一代信息技术产业、高端装备制造产业、新材料产业、生物医药产业、新能源汽车产业、新能源产业、节能环保产业等行业上市公司。

估值难、处置难等问题，也制约了知识产权质押贷款的推广。缺乏配套的服务体系，如尚未建立起有效的风险分担机制；科创企业信息共享和征信系统建设滞后，这影响了银行贷款投放。

表8-3　主要国家间接融资服务能力

国家	中小企业融资能力[2]	银行贷款易获得性	银行系统稳健性	金融服务能力[3]
美国	100.0	100.0	100.0	100.0
英国	87.3	78.9	91.0	89.8
日本	78.2	57.9	97.4	88.1
德国	92.7	73.7	86.9	89.8
印度	85.5	84.2	75.1	76.3
韩国	78.2	68.4	88.3	67.8
中国	80.0	63.2	72.3	74.6

资料来源：根据《2020全球竞争力报告》、OECD数据库等中的数据，本课题组采用标杆法进行测算。

（三）金融结构与科技创新发展的内在要求不适配

从历史演化规律看，直接融资模式对风险较大的创新活动具有明显优势。间接融资模式更适用于成熟的技术扩张，倾向于渐进式的创新路径。从金融服务实体经济的效率和弹性来看，直接融资能有效减少中间环节，降低融资成本，更加直接、有效地为实体经济输血。

---

① 由于数据的可得性，采用了《全球竞争力报告》中2019年指标。
② 由于数据的可得性，采用了《全球竞争力报告》中2018年指标。

现阶段我国的金融结构仍然以间接融资为主，银行业在金融体系中居绝对主导地位（图8-2）。以间接融资为主的金融体系追求安全性、流动性、盈利性等偏好，与科技创新高风险、长期性、强外部性等特性存在天然矛盾，从根本上导致金融产品和工具难以服务于科技创新活动。2023年，全国高新技术企业贷款余额为13.64万亿元，仅占总贷款余额的5.63%。此外，尚未建立适应创新的激励评价制度，具体科技金融工作人员积极性不够高，金融机构支持科技创新缺乏内生动力。

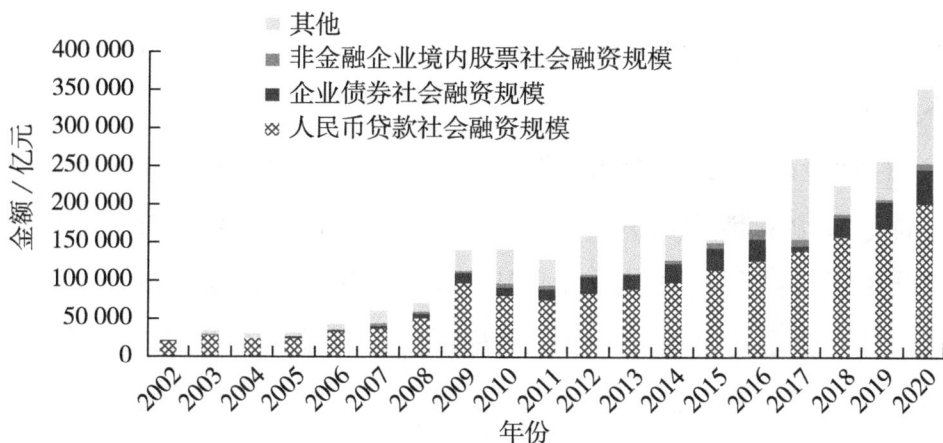

图 8-2　我国社会融资主要构成（2002—2020 年）

（四）金融监管不能满足科技创新的深层次需求

现阶段，为适应我国经济快速发展的要求，在金融监管趋严的总基调下，金融供给难以适应科技创新发展的深层次需求。

一些新兴的科技金融产品和服务可能因不符合传统金融监管标准而被限制或禁止，这在一定程度上抑制了科技金融发展。创业投资被纳入证券投资基金监管框架尚未根本性改变，且存在政策冲突与多头监管现象，监管成本过高。

（五）相关配套的科技金融生态建设尚不到位

科技金融制度顶层设计有待落地见效，部门协同作用有待充分发挥。2024年6月，中国人民银行、科技部、国家发展改革委、工业和信息化部、金融监管总局、中国证监会、国家外汇局等七部门联合印发《关于扎实做好科技金融大文章的工作方案》。该工作方案各项举措落到实处还有待时日。各相关部门在建立工作联动机制、加强信息共享和政策协同、搭建经验交流和研讨平台等方面做得还不太够。

科技金融人才不足问题日趋严峻。科技金融领域需要具备跨学科背景和创新能力的人才，从人才供给侧来看，虽然国内部分高校开设了科技金融硕士项目，但培养数量仍难以满足市场需求。并且，具有金融与科技复合背景的应届生相对较少，且实战经验少，相对缺乏将二者融会贯通的能力，难以满足当前形势下对多元化科技金融人才的需求。

金融科技发育不充分，金融识别科技风险、进行风险定价的能力还需进一步提高。尽管金融科技在全球范围内得到了快速发展，但一些地区或金融机构在技术应用方面仍然相对滞后，一些金融机构在创新方面缺乏动力或能力。同时，随着技术的演进，新的金融风险类型不断出现，金融识别科技风险的能力还需提高。此外，风险定价模型滞后、数据和信息不足等原因导致科技风险定价能力不足。

三、从供给侧看科技金融面临的挑战

从金融供给侧来看，各个金融板块对科技创新支持的主要挑战包括以下几方面。

（一）创业投资

近年来，我国创业投资市场活跃度急剧下滑，主要面临以下问题。

一是募资难问题依然严峻，行业投资后劲不足。近年来，募资难是业内反映较为突出的问题，募资规模持续下滑。2018 年，《关于规范金融机构资产管理业务的指导意见》出台，基本切断了银行资本直接进入创业投资领域的渠道；保险类等长线资金由于其低风险偏好、大额投资等导向与创业投资特征错配，较少进入创业投资领域；民间资本尚未有效转化为创业投资资本；外资投资人受美国相关政策限制和影响开始撤离中国。此外，随着我国市场化投资主体投资困难、意愿减弱，以及政府更多将原有产业直接补贴资金转变为引导基金，多元化的创业投资资本来源结构也发生转变，2023 年政府类资金占比达到 58.6%，民营资本、银行、证券、保险等金融资本，尤其是各类长期资本占比明显偏低。这种资本结构导致投资趋于"安全"与"短期"，对前沿科技投资不足，进而制约着前沿科技领域的产业化进程。

二是国有创投和政府引导基金受体制机制限制，难以有效实现其功能定位。我国财政类资金已经成为创业投资的主流，但财政和国有资金偏重于"安全性"，在投资审核、投资退出、投资绩效考核及激励机制等方面与市场化投资运作规律不同，这些问题导致投资干预过度和有效投资不足、退出不顺、效率偏低、人才外流等，难以有效实现引导功能。

三是创业投资行业退出困境越发凸显，资本循环受阻。创业投资行业的收益主要源于投资项目退出。近年来，随着资本市场改革持续全面深化，创业投资的退出和增值通道被拓宽了。据统计，我国创业板、科创板和北交所 IPO 企业中 80% 以上的企业获得过创业投资。然而，受国际退出环境及科创板的科创属性评价标准过细过窄、对科创企业 IPO 募集资金使用和信息披露机制管理过严过细、缺乏创业投资企业的上市安排制度、S 基金发育尚不成熟等的影响。创业投资退出渠道日益狭窄，进而影响下一轮资本循环。

四是我国创业投资监管政策过严。美国把创业投资作为"非公开性"的私募性质投资，即非金融、非特许和非证券化的投资，因而对其采用行业自律管理方式，豁免政策监管。相比而言，我国将创业投资纳入证券投资基金监管框架，基本格局至今还未发生根本变化。对创业投资设置的注册、备案、审查、年检、内设机构、资金开户及托管等管理规定过多过繁。

（二）科技信贷

传统资金供给与科创企业的融资需求间存在天然矛盾：银行体系追求确定性收益和资金安全与科技创新成果转化不确定性间的矛盾；银行资本短期资金供给与科技创新活动长周期投入间的矛盾；银行资本偏后端、给"大钱"与科创企业早期发展用"小钱"间的矛盾；银行资本"重抵押"与科创企业"轻资产"间的矛盾。随着经济发展阶段的变化，上述矛盾依然存在，与当前需求相比，科技信贷仍面临以下突出问题。

一是政策性金融机构服务和聚焦国家战略的能力有待进一步提升。国际经验表明，政策性金融机构往往可以有效弥补市场失灵，带动市场化金融机构在国家关键核心技术领域进行投资。相对而言，我国政策性金融机构在国家重大科技战略领域的投资还非常有限，金融工具创新有待开发和完善。例如，国家开发银行自 2021 年设立科技创新和基础研究专项贷款以来，已累计发放专项贷款 1026 亿元，重点支持了国家重大科技创新任务、关键核心技术攻关、前沿性基础研究、应用研究和科技成果转化等。但与国家开发银行总发放贷款相比，占比仅为 1% 左右。数据显示，仅 2023 年，国家开发银行累计发放贷款 3.08 万亿元。

二是结构性货币政策工具规模不足，精准性不够。截至 2023 年三季度末，我国结构性货币政策工具共 17 项，余额为 7 万亿元，比上年底增加 5715 亿元，占中国人民银行总资产的 16.2%。其中，科技创新再贷款支持金融机构向科技企业累计发放贷款 1.69 万亿元。然而，调研显示，目前我国实施的科技创新再贷款仍然存在覆盖面不足、精准性不够等问题。目前只有 21 家国有商业银行和股份制银行获得科技创新和技术改造再贷款额度，单家平均额度仅为 238 亿元，远不能满足市场需求。此外，商业银行发放科技创新再贷款时，无法及时、精准获取关于高新技术企业的相关信息，精准性不够。

三是金融机构的专业服务能力有待提升，模式创新不足。部分银行针对科技型中小企业特点成立了单独事业部，开发了单独的审贷机制、激励机制和评价体系，有利于提高对科技型中小企业的贷款服务能力，但目前尚待推广。此外，银行针对科技型企业的模式创新不足。目前已经开展的"投贷联动"模式，绝大多数是与创投机构合作开展的外部投贷联动。调研显示，部分项目源于银行自身已经看好的项目，让创投机构介入其中，难以真正解决企业融资难问题。部分项目实质上是以银行的信贷资金或银行的声誉参与创业投资项目，或为创业投资兜底，也容易出现金融风险。

四是传统银行对于创新企业的个性化服务和产品创新动力不足。科技发展快、层出不穷，相对而言，银行开发的个性化专业服务不足。银行传统业务具有较高的盈利能力，而面对"轻资产、高风险"的科技型企业，由于贷款成本偏高、收益小，加上人员激励考核机制不配套，银行往往缺乏有效动力。

（三）科技保险

科技保险作为科技金融的重要板块，总体发育尚不充分。

一是科技保险风控、定价较难，保险公司开发创新科技保险产品的主动性不足。调研显示，虽然保险能够有效分散经济活动风险，但由于科技活动的特殊性，科技保险的业务模式尚存在较大难度，集中表现在：一是科技保险产品费率厘定准确性不足。科技保险业务开展时间不长，缺少足够的市场样本，加之科技领域极具复杂性，缺乏有效的风险评估模型，导致科技风险评估的准确性、科学性不足，厘定科技保险费率的难度较大。二是对科技业务的特殊性考虑不足，对科技保险业务的风控管理按照传统业务风险来制定承保等指引，在全面风险管理流程上不够完善，也未将科技手段应用于承保理赔等环节。三是对科技保险的金融基础设施支持不足，风险评估建立在各类公共数据的基础上，当前国家相关部门（如工商、税务等）对此类数据使用要求较为严格，无法及时共享给保险机构，导致企业画像精准度不足，且难以避免参保企业出险后更换另一家保险公司的现象，于整个行业发展无益。

二是适应创新规律全生命周期的科技保险体系不健全，规模效应不足。目前，我国科技保险产品仍集中于财产、责任保障或费用补偿等传统领域，虽然也会制定保险产品开发规划，但是受制于科技保险统计数据不足、知识产权评估和处置难及"高新尖"技术风险难控等问题，保险公司更倾向于服务成熟期的企业，难以触及服务科技发展的本质，还未能真正搭建起涵盖科技企业研发、生产、创业保障、人才保障等领域的保险产品体系，导致无法形成规模效应，可保性较差。

三是科技保险过度依赖补贴，可持续发展模式尚未形成。目前，各地相继出台了对科技保险的税收优惠、财政补贴政策，科技保险业务开展过程中高度依赖财政补贴。一方面，由于补贴产品清单时效滞后、补贴产品标准不一、地方财政压力较大等，政策效果不显著；另一方面，科技保险公司高度依赖补贴来扩大业务规模，自身缺乏开拓业务的主动性与竞争力，尚未形成反哺造血机制，不利于整个行业健康发展，也难以为科技企业提供高质量保险服务。

四是科技保险监管政策有待优化。从保险投资监管政策看，2023 年底，财政部、人力资源社会保障部联合起草的《全国社会保障基金境内投资管理办法（征求意见稿）》明确股权类投资比例不高于 30%，其中产业基金和股权投资基金（含创业投资基金）配置比例不高于 10%。上述政策调整虽然提高了社保基金投资灵活度，但相比美国保险公司的权益类投资比例通常在 20% ～ 30%，尚存在一定差距。从保险机构考核机制看，《中国保险资产管理业发展报告（2022）》显示，保险公司投资绩效考核周期以中短期为主，近七成机构采用年度考核方式，特别是上市保险企业还有季报、半年报、年报等信息披露要求，降低了保险资金对权益类资产波动性的容忍度，抑制了保险资金投资创业投资等权益类资产的积极性。

（四）资本市场

一是企业上市标准有待优化。境内资本市场（主板、创业板、科创板、北交所等）上市审核标准偏重于企业收入、利润等财务指标，这种做法主要是出于保障投资者利益和维持市场稳定的考虑。但是，目前的标准仍不符合新经济企业早期研发投入高、盈利周期长、不确定性大等特点，不利于新经济企业上市融资。

二是发行监管政策连贯性不足。近期科创板关于未盈利企业上市的政策（尤其是科创板第五套标准）几乎暂停。同时，目前 IPO "堰塞湖" 情况依旧明显，截至 2023 年 12 月 31 日，A 股 IPO 排队企业共计 534 家。从受理年份来看，目前排队企业中，2022 年受理的有 50 家，2023 年受理的有 482 家（含主板平移企业）。从课题组的调研情况来看，针对生物医药、集成电路等领域的 "即报即审、即审即发" 政策尚未真正落实。

三是科创属性评价有待完善。《科创属性评价指引（试行）》规定了支持类、限制类、禁止类的科创板行业领域，并建立了负面清单制度，也为科创属性的评价提供了依据。需要进一步提高审核注册标准的客观性、透明度和可操作性，但是部分评价标准模糊，技术先进性也难以界定，科创属性评价有待进一步完善。

四是信息披露缺乏柔性。拟上市企业招股说明书信息披露过于严苛，既会增加时间成本和财务成本等信息披露成本，又可能会泄露企业的商业机密，从而影响企业的竞争优势，更有可能使得拥有关键核心技术的企业招致外国制裁和审查。

四、从需求侧看科技金融面临的挑战

课题组针对生物科技、人工智能、量子科技等产业领域的科技型企业开展了调研，结合调研与研究情况，发现主要存在以下几方面问题。

一是银行对科技型企业尚未形成有效支持。一是在信贷发放方面，对知识产权密集的科技企业缺少特殊的制度安排，如单独审批通道、降低抵质押品要求等。部分地区开展了知识产权质押贷款业务，由于我国尚未建立系统的知识产权质押登记制度，知识产权质押登记规定不系统、不健全，各地做法不一，有关规定较为分散、不成体系，制约了知识产权质押融资业务的开展，一些银行只是将知识产权质押作为一种增信手段，并未真正开展知识产权质押融资业务。二是银行倾向于支持科技部门名单中的企业（如科技型中小企业、专精特新企业等），量大面广的科技型小微企业难以获得支持。2023 年，全国高新技术企业贷款余额为 13.64 万亿元，占总贷款余额的比重仅为 5.63%。

二是大量前沿技术领域的企业较难上市。调研显示，人工智能、生物医药、量子信息等领域的科技企业在上市过程中仍然受到企业财务规模、科创属性等方面的限制，即便通过初审，内部控制、财务状况、商业模式、发行价格、经营业绩等多方面因素，也会导致上市流产。截至 2024 年 9 月 23 日，2024 年已公布的终止审查（撤材料 + 否决 / 终止注册）企业有 377 家，其中上交所 137 家（主板 75 家，科创板 62 家），深交所 179 家（主板 51 家，创业板 128 家），北交所 61 家。同时，我国 IPO 受政策影响较大，上市预期不稳定。与国际知名市场相比较，我国前沿技术领域的特殊上市制度安排较为缺失。

三是企业对创投的渴求难以获得满足。从国内外实践看，人工智能、生物医药、量子科技等领域需要创业投资的大力支持。从国内实际情况看，目前仍以银行信贷为主。统计显示，2023 年我国高新技术企业获得的创业投资金额与高新技术企业贷款余额之比不到 1%。从 2023 年我国创业投资的领域来看，人工智能领域投资金额占全部投资额的 8.2%，生物医药领域占比为 16.5%，量子科技领域占比微乎其微，与美国差距显著。从企业的需求阶段看，早期企业难以获得创业投资支持，种子期投资的金额占比不高，2023 年种子期投资金额占比为 12.9%，大量资金集中于成长期、成熟期的企业。

四是科技型企业发债门槛过高。科技型企业发债通道依旧狭窄，高收益债券平台尚未真正向科技型企业开放，缺乏符合高收益特征的交易机制与系统，针对人工智能、生物医药等前沿领域的债券投资者培育不足。截至 2023 年 6 月底，科技型企业发行科创票据的余额达到了 2264 亿元、科技创新公司债券的余额达到了 2258 亿元；战略性产业企业在银行间市场发债的融资余额达到 6600 亿元、在交易所发债余额达到 4640 亿元，但是占 2023 年全年债券市场发行规模 70.83 万亿元的比例仅为 0.97%。

五是科技保险产品的"选择面"较为狭窄。科技企业无法根据自身需求购买针对不同类型、不同阶段的科技型企业的个性化保险产品。科技保险产品定价偏高、补贴力度不足等因素，决定了企业购买科技保险存在一定困难。科技创新企业更关注融资和发展，更加倾向于把有限的资金用在生存发展方面，在科技保险的现实价值没有被认知之前，科技企业购买科技保险的意愿较弱。

第九章

科技金融发展的国际实践与启示

一、典型国家：中美比较

中美科技关系是全世界最重要的科技关系，也是我国创新发展面临的最大的外部变量。同时，美国金融支持国家创新体系的发展过程，独特优势的形成与相关制度性安排，值得学习借鉴。随着创新体系的演化实践和中国科技、经济实力的不断变化，从中美比较视角研究金融支持国家创新体系[①]，一方面拓展国家创新系统和科技金融理论在研究金融支持创新体系的应用，另一方面对于完善我国科技金融体系、深入推进供给侧结构性改革和应对中美战略博弈等具有重要的现实意义和政策价值。

---

① 本书研究中存在先在假定：美国的金融制度总体上是先进的。通过中美比较分析，可以找到中国的短板并加以弥补。但是，美国利用金融霸权（建立以美元为核心的国际货币体系，助力金融机构取得全球资产定价主导权，操纵国际组织和金融设施设定利己规则，掌控全球金融话语权宣扬美式金融观等）攫取全球财富是不争的事实。如何破除美国金融霸权不是本书的研究主题，也超出了本书的研究范畴。

（一）中美科技金融资源禀赋对比分析

1. 创新体系的阶段性比较

美国是当今世界最具创新活力的国家，形成了有机互动、高效协同的创新体系：最大经济体和全球科学中心；相对自由、宽松的营商环境及由此产生的企业家精神；税收、贸易、市场规则和知识产权保护等方面相对完备的制度体系；由政府研发支持、教育投入和采购支出等组成的创新政策体系；科技和经济的相互促进，形成良性循环；等等。相较而言，中国处于创新体系的成长阶段：知识创新体系逐渐建立；创新环境与符合创新规律的制度框架基本建立；拥有比较健全的产业制造能力，创新主体能力逐渐提升；政府在配置资源中往往发挥更加重要的作用；等等（图 9-1）。有鉴于此，中国创新体系的阶段性特征对金融提出新需求：加大对前期投资，特别是研发环节的投资，强化对新兴产业的支持力度。

2. 中美金融体系结构比较

比较金融理论将各国金融结构分为银行导向（bank-oriented）（以信贷为基础的系统，银行等金融机构将储蓄转化为投资）和市场导向（market-oriented）（资金通过发达的资本市场在接近完全竞争的环境下进行配置）两类。不同金融结构及其对创新的影响如表 9-1 所示。

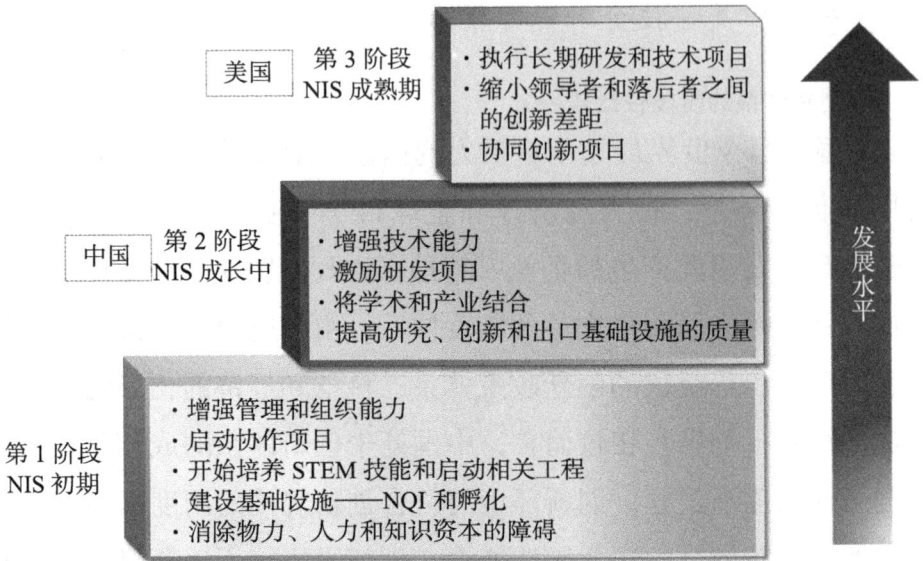

美国　第3阶段
NIS 成熟期

- 执行长期研发和技术项目
- 缩小领导者和落后者之间的创新差距
- 协同创新项目

中国　第2阶段
NIS 成长中

- 增强技术能力
- 激励研发项目
- 将学术和产业结合
- 提高研究、创新和出口基础设施的质量

第1阶段
NIS 初期

- 增强管理和组织能力
- 启动协作项目
- 开始培养 STEM 技能和启动相关工程
- 建设基础设施——NQI 和孵化
- 消除物力、人力和知识资本的障碍

发展水平

（NIS=国家创新体系；NQI=国家质量基础设施；STEM=科学，技术，工程，数学）

图9-1　创新体系的阶段性特征

表9-1　不同金融结构及其对创新的影响

类型	银行导向	市场导向
股东保护	弱（对公司管控市场提供最低限度的法律支持，有限而少量的股东权利）	强（法律为股权回购的股东维权提供支持）
债权人保护	中等或强（法律承认有担保的债权人权利的优先权）	中等或弱（保护财产法中的债务人，支持企业清算时救济的法律）
创新模式	有限利用风险资本 较慢的创造性破坏动态 投资风险广泛传播 渐进式的技术开发模式 持续性的员工学习	强风险资本市场 "熊彼特式"的创造性破坏理论 高风险投资 高概率的突破式创新 有效率的劳动力市场匹配

续表

类型	银行导向	市场导向
自融资程度	低	高
外来资金的作用	大	小
行业和金融体系的关联度	强、公开、非标准化	弱、匿名、标准化
影响方式	发言权	退出
债务－产权比	高	低
信用和所有权的集中度	高	低
创新类别	渐进式创新	颠覆式创新
产业类型	成熟产业	新兴产业
技术－经济周期	适于技术浪潮或革命的扩展与成熟	催生技术浪潮或革命爆发

经过漫长的历史演变，美国基本构建起市场导向的金融体系。中国金融体系的银行导向特征明显，同时正处于银行导向体系向市场导向体系过渡的阶段（表9-2、图9-2）。两者差异的形成除了源于社会制度之外，也由于中国的金融体系在客观上适应了人口红利时期动员储蓄、推动大规模投资的需求，但对新兴技术发展和应用、颠覆性创新的支持力度不足。

表9-2　金融结构的中美比较（2017—2020年）

类别	指标	国家	2017年	2018年	2019年	2020年
间接融资与直接融资占比	国内信用贷款余额/股票市值	美国	1.47	1.55	1.53	1.44
		中国	3.41	4.85	3.91	—

续表

类别	指标	国家	2017 年	2018 年	2019 年	2020 年
间接融资	银行对私营部门的国内信贷占 GDP 的比重	美国	52.60%	52.22%	52.18%	54.57%
		中国	154.88%	157.81%	165.39%	182.87%
直接融资	创业投资额占 GDP 的比重	美国	0.43%	0.67%	0.64%	—
		中国	0.10%	0.06%	0.09%	—
	国内上市公司市值占 GDP 的比重	美国	164.89%	148.27%	158.57%	194.89%
		中国	70.76%	45.52%	59.63%	83.16%

资料来源：OECD. Stat，世界银行，国家统计局。

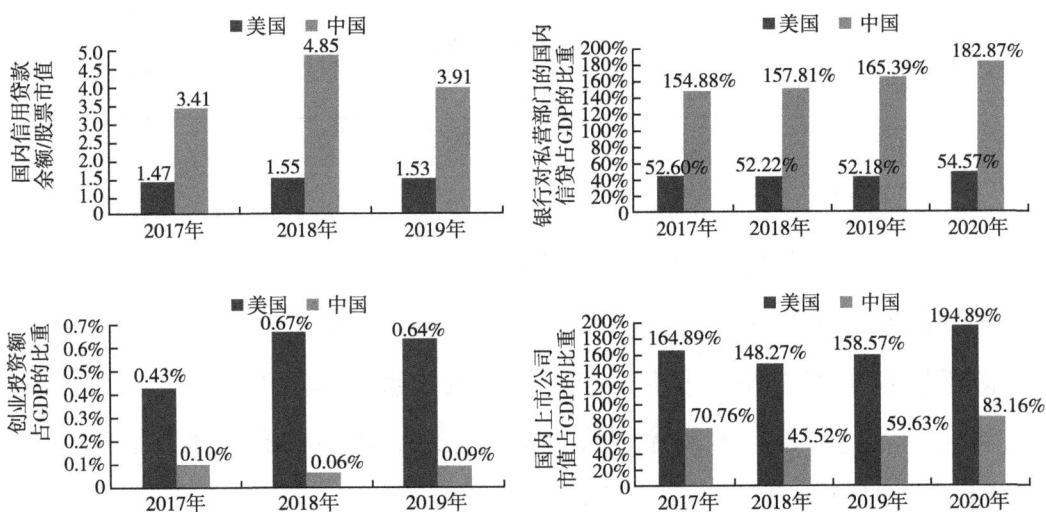

图 9-2　金融结构的中美比较（2017—2020 年）

3. 金融资源配置机制比较

从资源配置角度，可将金融体系划分为"市场化体制"（market-oriented system）和"政府干预体制"（government- intervention system）①。

在市场经济体制下，市场在跨期资源配置中起着决定性作用。金融机构的业务自由化，价格（各种利率和金融资产价格）自由化，资本账户通常是开放的；在政府干预体系中，政府通过对金融机构、金融企业和价格的直接控制或间接影响，将储蓄资源引导到政府意图的经济部门和行业，因此政府在资源配置中发挥着更重要的作用。

美国是较为典型的市场化体制国家。我国正由政府干预体制向市场化体制过渡，私营部门融资占比要低于美国，同时主要依赖信贷融资（表9-3、图9-3）。

表 9-3　中美私营部门融资情况（2011—2020 年）

指标	2011年	2012年	2013年	2014年	2015年	2016年	2017年	2018年	2019年	2020年
中国私营部门融资占 GDP	123.1%	128.9%	134.3%	140.2%	152.6%	156.2%	154.9%	157.8%	165.4%	182.9%
美国私营部门融资占 GDP	174.5%	175.1%	184.0%	184.6%	179.9%	182.8%	191.3%	180.2%	191.4%	216.6%
中国私营部门信贷融资占 GDP	123.1%	128.9%	134.3%	140.2%	152.6%	156.2%	154.9%	157.8%	165.4%	182.9%
美国私营部门信贷融资占 GDP	50.6%	49.9%	49.2%	49.7%	51.1%	52.4%	52.6%	52.2%	52.2%	54.6%

资料来源：世界银行数据库。

---

① 当然，不存在绝对的市场化体制和政府干预体制。由于金融体系的运行具有较强的外部性，政府对金融体系实施了严格的监管，在不同的时间，政府对市场进行了不同程度的干预。

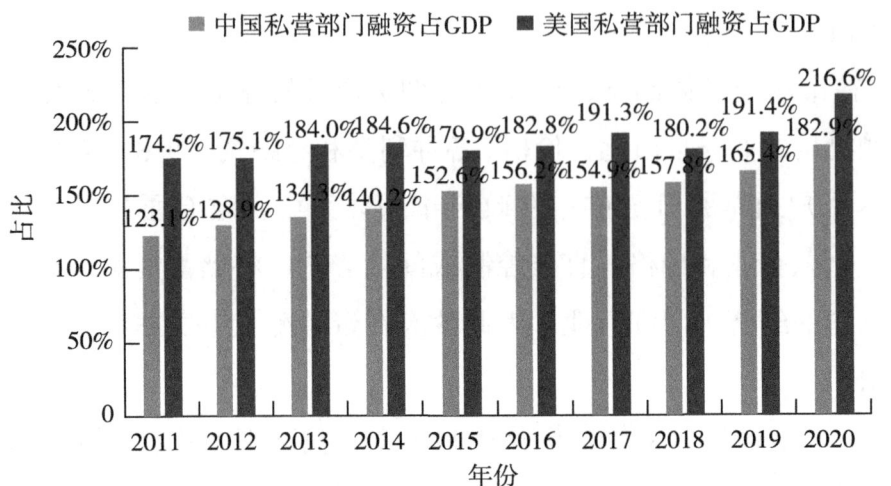

（a）私营部门融资占GDP情况

（b）私营部门信贷融资占GDP情况

图9-3 中美私营部门融资情况（2011—2020年）

（二）中美科技金融面临不同的短板与挑战

一国的创新能否取得成功，取决于其国家创新体系能否有效运行。基于"创新成功三角"（innovation success triangle）的分析框架，对中美创新体系展开分析。

1. 美国创新体系传统优势有所弱化，全社会资本创造机制逐渐丧失活力

美国国家创新体系与其他国家相比的优势正在逐步丧失。一是平衡短期和长期目标的商业投资环境堪忧，颠覆式创新较少，除信息技术领域外的超级企业减少。二是在利益集团影响下，美国社会能够对未来和集体利益进行投资，但政策制定者难以在联邦政府预算制定过程中优先考虑该类资助，美国政府对高校、联邦实验室和其他创新投入的资助呈下降趋势，金融危机以来，美国政府研发投入占全社会研发投入比例也不断下降，公民不愿牺牲当前的额外收入和消费而为未来投资。三是影响创新的美国监管体制改革受阻，大多数民主党自由派人士认为，企业（尤其是大型企业）受到的监管过于宽松，而大多数共和党人士不愿增加对监管机构的拨款，认为这只会赋予其更多的监管权力，而不会促使其更灵活、更敏捷地进行监管。四是实施创新战略的系统安排和能力有待强化，现行体制阻碍着自上而下的政策实施，各州之间政策缺少协调，创新体系整体效能难以进一步提升。

美国金融支持国家创新体系存在的主要短板：创业投资等金融资本愈发倾向于寻求短期收益，牺牲了长期的研究和技术开发；政府退出研发领域时，私营部门未能及时填补缝隙；全社会多元化支持科技创新的资本创造机制逐渐弱化。

2. 中国创新体系效能有待提高，金融体制阻滞创新活力

面临复杂的内外部环境，我国创新体系整体效能还不高，存在原始创新能力不强、国家战略科技力量布局尚未全面形成、创新要素流动受阻、资源配置效率有待提升、创新体系开放格局不够、不能满足数字化转型要求等突出问题。

中国金融支持国家创新体系存在的突出问题：一是当前以银行为主导的体系（偏好固定资产抵押融资）难以满足创新需要。二是金融体制存在所有制歧视和规模歧视，囿于考核追责等制度，银行等金融机构主要为国有企业和大型企业提供服务。例如，国有企业获得的信贷份额占到信贷存量的一半以上，非金融企业债券市场中，国有企业更是发债的主体；股票发行、退市、公司治理等重要领域依然存在体制缺陷，阻滞民间创新活力。三是政府主导的股权融资不适合创新。

（三）中美科技金融面临的共同挑战：在技术–经济扩散期实现高质量发展

1. 技术–经济周期及其特征

基于弗里曼、佩蕾丝等的研究，结合演化经济学和经济周期理论，将技术–经济范式在经济周期领域拓展为技术–经济周期。通常而言，经济周期分为繁荣、衰退、萧条、复苏4个阶段。佩蕾丝通过总结历次技术革命的发展历程，将技术革命的发展过程分为4个阶段，即爆发阶段、狂热阶段、协同阶段和成熟阶段。本书研究提出，技术–经济范式主要从旧的经济均衡状态出发，通过企业的技术创新破坏均衡，再通过企业之间的学习、模仿和竞争，最后达到新的经济均衡状态，构成一个完整的技术–经济周期。技术–经济周期主要用来描述一定类型的技术进步通过经济系统影响产业发展和企业行为的周期过程。

为了研究便利，可以简单分为前后2个阶段。前半段是主导技术群和新兴产业爆发、成长阶段，信用创造扩张，新兴产业快速成长和已有产业的规模扩张，经济繁荣。后半段是成熟、扩散阶段，信用紧缩，新兴产业日趋成熟和已有产业的结构调整，经济萧条。

技术－经济周期相互作用的内在机制主要体现在新生产函数替代旧生产函数的过程，是生产效率全面提高的过程，也是经济结构优化的过程。从本质上而言，经济发展的历史就是技术－经济周期的历史。技术创新的剧烈程度，决定财富增长的幅度、技术－经济周期的波长及萧条或危机的深度。在四类经典经济周期（基钦周期、朱格拉周期、库兹涅茨周期、康德拉季耶夫周期）中，康德拉季耶夫周期是可观察的最长的技术－经济周期。

2. 技术－经济扩散期与金融

工业化以来，每次技术革命都带动经济发展形成一次波动，前半段表现为新兴产业快速成长和已有产业的规模扩张，后半段表现为新兴产业的成熟和新技术对已有产业的渗透改造（表9-4）。目前，世界经济整体上已进入本轮技术革命的后半段。在后半段，随着信息通信技术向其他经济部门横向扩散，将带来难以预测的新业态、新商业模式及相应的制度变化，中美两国也不例外。

表 9-4　技术－经济周期不同阶段的主要特征

经济社会表现	导入期	扩散期
突破重点	颠覆性创新和技术解决方案	社会和体制创新
科学、技术和创新的学习角度	整合本土知识和基于科学的试验，知识的创造过程可能产生更多新颖的解决方案，"首批用户"扮演着核心角色	与用户的合作最为重要，改进技术解决方案以满足消费者的需求，同时提高消费者对解决方案重要性认识，进而促进生活方式变革

经济社会表现	导入期	扩散期
工作组织	新商业模式	在企业中广泛采用可减少投入和浪费的创新
网络	新的行为主体可能成为围绕全球价值链的领导者	传统全球价值链的重构
社会经济结构	对现有社会经济结构的边缘改变，难以从根本上改变国家的社会经济结构	产生新的社会和制度变革，改变国家的社会经济结构
金融	新技术的集中投资，整体体系的分化和贫富两极化，大量资金注入基础设施，可能产生股市的资产膨胀	技术逐渐成熟，主要产业市场饱和，需要通过收购和兼并实现集中；企业虽然积累更多的资金，但可以获利的投资渠道变窄

中美均处于技术－经济周期的扩散期，金融支持国家创新体系面临共同的挑战：技术逐渐成熟，主要产业市场饱和，需要通过收购和兼并实现集中；企业虽然积累更多的资金，但可以获利的投资渠道变窄；实现科技资产账面价值与真实价值协调一致、相对同步增长的难度增大。

（四）政策启示

强化金融支持是完善国家创新体系的关键环节。要抓住当前金融体系与创新体系不匹配的主要矛盾，坚定不移探索中国特色科技金融道路。

一是比较中美两国金融支持国家创新体系后发现，科技与金融的良性互动与双向赋能，金融需要与国家创新体系所处阶段、结构和高质量发展要求匹配，关键在于以金融结构性改革去适应创新体系升级的要求，构建结构平衡、富有韧性、适应经济高质量发展的现代金融体系（图9-4）。

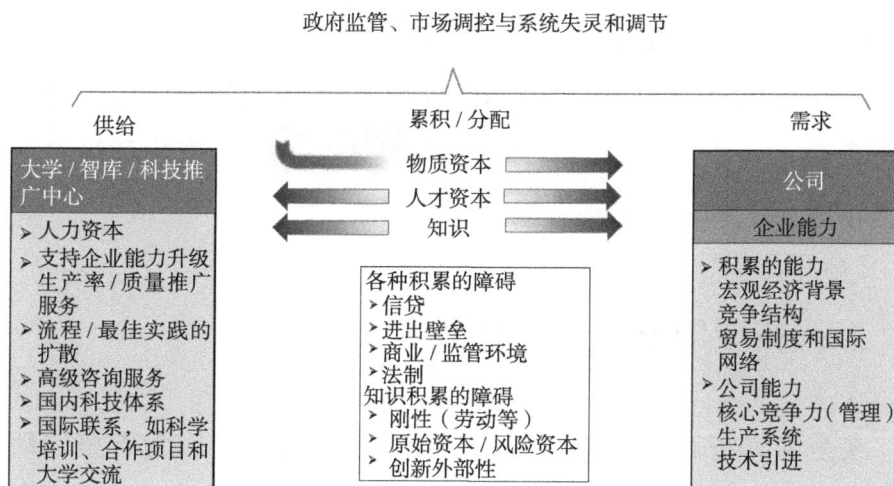

政府监管、市场调控与系统失灵和调节

供给	累积／分配	需求

大学／智库／科技推广中心
- 人力资本
- 支持企业能力升级生产率／质量推广服务
- 流程／最佳实践的扩散
- 高级咨询服务
- 国内科技体系
- 国际联系，如科学培训、合作项目和大学交流

物质资本
人才资本
知识

各种积累的障碍
- 信贷
- 进出壁垒
- 商业／监管环境
- 法制

知识积累的障碍
- 刚性（劳动等）
- 原始资本／风险资本
- 创新外部性

公司
企业能力
- 积累的能力
  宏观经济背景
  竞争结构
  贸易制度和国际网络
- 公司能力
  核心竞争力（管理）
  生产系统
  技术引进

图9-4　金融支持国家创新体系的重点

二是坚持问题导向，针对创新体系存在的主要短板，完善金融支持国家创新体系，需要更好地支持关键核心技术攻关和新技术产业化规模化应用。从金融功能观分析，金融需要为创新提供价格信号和定价机制，为创新活动的参与者提供激励，发挥资源配置等功能，支持国家战略科技力量布局，强化企业科技创新主体地位，通过金融开放带动科技开放，推动创新体系向成熟期跨越。

三是针对中美面临的共同挑战，结合我国创新体系所处的特殊阶段，即面临加速扩散与促进发现双重任务，金融既要支持传统技术改造升级和发展适宜技术，又要有效地分散前沿技术创新风险，需要构建直接融资和间接融资协同的金融体系。我国将长期处在第

一、第二、第三、第四产业并行交叠的工业化道路中，要统筹协调好直接融资与间接融资、商业金融与政策金融，形成多方位支持科技创新的合力。

四是从中美所处共同的技术－经济周期而言，需要健全与技术－经济周期相适应的金融宏观调控。创新是经济动力的内生周期性现象，由于创新过程中与产业、金融各系统相联系的经济行为的协同运作所致，与本国国家创新体系的发展水平、结构变化和风险变迁动态演进相关的新型宏观金融政策呼之欲出。

二、典型国家：中德比较

在全球经济竞争日益激烈的当下，科技金融已成为支撑创新型国家建设的关键。中国与德国在金融体系结构、中小企业重要性，以及产业升级需求上高度相似，但德国通过科技金融体系的有效运作，实现了更优的融资可得性与创新产出效率，持续保持创新领先地位。为深入贯彻落实中央金融工作会议精神和中央科技委重要部署，做好科技金融大文章，课题组赴德国开展学习调研①，旨在借鉴德国经验，揭示科技金融体系优化路径，为推动我国科技金融改革提供借鉴。

---

① 本次调研实地走访了德国柏林经济发展局、德国联邦中小企业联合会（BVMW）、柏林阿德勒斯霍夫科技园、达姆施塔特科技创新中心、英诺维克孵化器，以及德国复兴信贷银行、德意志银行、格林希尔资本、法兰克福证券交易所等部门和机构，并接受了来自德国马克斯·普朗克研究所、德国应用技术大学、法兰克福歌德大学科技创新学院、柏林应用科技大学的专题培训课程。

（一）中德科技金融资源禀赋对比分析

1. 中德中小企业、科技创新基础对比

德国中小企业尤其是科技型中小企业，是德国成为世界制造业强国的重要基石。德国中小企业具有鲜明特征：一是约95%的中小企业是家族企业。二是德国拥有全球最多的隐形冠军企业[①]，2024年达到643家，全球占比为36%[②]。三是技术创新是德国隐形冠军企业的核心竞争力，平均研发投入强度超过7%。在产业结构方面，德国以制造业为主导，主要布局于汽车工业、机械制造、化工制药、电器工程和电子学、冶金和钢铁生产、造船和海洋技术、光学和精密仪器，以及航空航天等重点领域。德国创新文化浓厚，2022年在全球创新体系中排名第八，2023年德国企业研发投入强度高达3.2%，2013—2023年德国国内研发总投入年均复合增长率达到4.5%。相比而言，中国中小企业在国民经济中的地位、产业结构与德国相似，但科技企业创新投入强度与转化效率差距明显（表9-5）。

表 9-5　中德中小企业及创新能力主要指标对比

主要指标	德国（2023 年）	中国（2023 年）
中小企业数量占比	99%	约 90%
中小企业对 GDP 的贡献率	54%	约 60%
中小企业拉动的就业率	62%	约 80%

[①] 指那些不为公众所熟知，却在某个细分领域或市场占据领先地位，且拥有核心竞争力、明确战略的，产品和服务难以被超越和模仿的中小型企业。核心指标：在细分市场全球市场份额前三；年销售额超过 5 亿美元；且不为公众广泛知晓。

[②] 参考赫尔曼·西蒙（Hermann Simon）团队发布的《2024 年全球隐形冠军报告》最新数据。

续表

主要指标	德国（2023年）	中国（2023年）
工业增加值占GDP的比重	28.1%	31.7%
制造业占GDP比重	24.6%	27.7%～28.0%
隐形冠军企业数量及全球占比	643家、36%	173家、9.7%
科技企业创新投入强度	隐形冠军企业研发投入强度7%	科技型中小企业研发投入强度4.8%
企业研发投入强度	3.2%	2.7%
科技成果转化率	超过60%	不足30%

资料来源：作者根据德国联邦统计局（Destatis）、中国国家统计局、中华人民共和国工业和信息化部等政府统计机构发布的官方数据、国务院印发的《中国制造2025》，以及Statista全球统计数据库、世界银行公开数据库中的制造业增加值指标等收集整理。

2. 中德金融体系、融资结构对比

德国金融与实体经济的密切互动和良性循环，堪称典范。德国金融始终服从和服务于实体经济发展，实体经济在报酬结构中占优，金融化程度有限。从报酬结构看，德国金融业增加值占GDP比重长期保持在5%以下，2022年为3.6%，远低于美国（7.8%）、英国（7.9%）和中国（8.0%）。

从金融结构看，德国与中国相似，属于以间接融资为主导的金融体系。2023年德国银行业总资产6.8万亿欧元，约占金融业总资产的50%。在直接融资方面，德国企业和投资者更偏好低风险的债权融资，而非股权融资。2023年德国债券市场发行规模为7500亿欧元，占GDP的25%。德国股票市场远落后于英美等资本市场主导型经济体。2024年德国股票市场市值约为2.1万亿美元，占GDP的23%；科技型企业占比仅为美国的1/3。德国创业投资行业规模总体偏小。2023年新募基金18.61亿欧元，投资金额24.51亿欧元（同期美国分别为 667 亿美元、1706 亿美元，中国分别为 670.8 亿元、791.6 亿元）。

在融资结构方面，德国中小企业具有盈利能力强但成长性低的特征 [①]。这使得大多数中小企业以内源融资为主，超过 50% 的中小企业不需要外部融资 [②]。在外源融资方面，德国以间接融资（银行贷款）为主导，银企关系具有明显的关系型融资特征，2023 年银行贷款占 65%，政策性金融占 4%，直接融资（债券＋股权）仅占 10%，低于中国直接融资占比（21%）。中德金融结构、融资结构对比如表 9-6 所示。

表 9-6 中德金融结构、融资结构对比 [③④]

类别	主要指标	德国	中国
金融结构	金融业增加值占 GDP 比重	3.6%（2022 年）	8.0%（2022 年）
	银行业资产占金融业总资产比重	50%（2023 年）[①]	70%（2023 年）[②]
	股票市值占 GDP 比重	23%（2024 年）	75%（2024 年）
	债券发行量占 GDP 比重	25%（2023 年）	12%（2023 年）
	创业投资额占 GDP 比重	0.059%（2023 年）	0.061%（2023 年）

---

① 数据显示，中小企业净资产收益率基本维持在 25% 以上，营业收入年均增速仅为 2.3% 左右。

② 资料来源于 2022 年欧洲中央银行（ECB）调查报告。

③ 2023 年德国金融业总资产 13.5 万亿欧元，其中，银行业资产规模 7.8 万亿欧元，占比 50%；保险业 3.2 万亿欧元，占比 24%；养老金基金 2.5 万亿欧元，占比 19%；证券与投资基金 1.8 万亿欧元，占比 13%，包含股票、债券及私募基金；融资租赁 0.6 万亿欧元，占比 4%。

④ 2023 年中国金融业总资产约 130 万亿元，其中，银行业资产规模约 91 万亿元，占金融业总资产的 69.9%；保险业 13.5 万亿元，占比 10.3%；证券与基金业 11.2 万亿元，占比 8.6%；信托业 5.1 万亿元，占比 3.9%；融资租赁 4.0 万亿元，占比 3.1%。

续表

类别	主要指标	德国	中国
融资结构 （2023年）	银行贷款占比	65%	70%
	企业债券占比	6%	12%
	股权融资占比	4%	9%
	政策性金融占比	4%	5%

资料来源：德国数据根据德国联邦金融监管局（BaFin）《2024年债券市场报告》、国际清算银行（BIS）《欧元区债券市场监测》、德意志联邦银行（Deutsche Bundesbank）、德国复兴信贷银行（KFW）年报、欧元区企业融资调查、欧洲中央银行（ECB）公开报告、Statista全球统计数据库等收集整理；中国数据来源于中国人民银行《中国金融稳定报告》系列、财政部地方政府债务信息公开平台、中国银行间市场交易商协会（NAFMII）统计数据、国家金融监督管理总局《2023年银行业保险业运行情况报告》、Wind数据库等。

（二）德国支持科技型中小企业发展的主要做法及中国对比

德国形成了以政府财政科技投入为牵引，以间接融资体系为主导，以政策性金融为补充，广大协会、孵化器、科研机构等公共服务机构共同参与的科技金融体系，其典型做法如下。

1. 差异化的间接融资体系确保了广大科技型中小企业融资的高可得性、低成本与长期稳定

德国银行业在提供长期资金、支撑德国工业快速扩张并形成竞争优势方面发挥了十分重要的作用。其中，商业银行[①]、储蓄银行、信用社、政策性银行堪称德国银行业的"四支柱"。2023年德国科技型中小企业的融资仍以传统银行贷款为主，融资规模800亿～1000亿欧元，占总贷款规模的40%～50%；政策性银行融资

---

① 与中国的"商业银行"概念不同。德国的"商业银行"是一个所有制概念，是指私有制银行机构，区别于公共性质的储蓄银行和合作制性质的信用社。

规模 400 亿 ~ 500 亿欧元，占总贷款规模的 20% ~ 25%。其典型做法如下：

一是构建差异化的支撑体系，确保融资的广覆盖与全链条。德国四类银行在所有制性质、经营模式和经营目标方面均有差异，服务与覆盖区域呈现层级式发展模式，共同支撑了不同发展阶段企业的差异化金融需求。2023 年底，德国拥有 1334 家银行机构，银行业总资产规模为 10.68 万亿欧元。各类银行之间独立性强，跨支柱并购受到德国法律的严格限制，避免了同质化与恶性竞争。

二是商业银行充分发挥综合化银行优势，降低中小企业融资成本。德国商业银行凭借其综合性金融服务能力和与政府、创新生态的深度合作，在支持科技型中小企业贷款方面形成了独特优势。商业银行不仅提供贷款，还为企业提供商业模式咨询、税务规划、国际业务拓展支持等增值服务，助力科技企业全生命周期发展。商业银行作为政策性贷款（如 EXIST 创业资助计划）的主要合作方，向科技企业提供年利率 ≤ 1.5% 的低息贷款，覆盖研发、市场验证等阶段。商业银行还可以接受无形资产抵押，由专业机构［如德国专利商标局（DPMA）认可的评估方］确定专利价值，专利质押融资占比达 25%。在数字化方面，商业银行也取得了良好实践成果。例如，德意志银行的创业贷款项目（StartGeld 平台），允许科技企业在线提交贷款申请，最快 3 个工作日内完成审批。

三是储蓄银行与信用社充分发挥本地化深耕特点，确保融资的长期稳定。德国储蓄银行和信用合作社主要服务当地个人和中小企业，许多德国中小企业会选择其中一家作为管家银行。管家银行是企业的首要融资供给方，对企业的真实经营信息了如指掌，与企业保持着长期稳定的融资关系。管家银行模式中，建立 10 年以上银企关系的占比 68%。而且，储蓄银行和信用合作社属于公共银行，不以营利为目的。2023 年德国储蓄银行、信用社加上政策性银行，占银行总数的 80.4%。这种公共属性使得中小企业贷款利率长期稳定在 3% ~ 5%。

四是政策性银行充分发挥弥补市场失灵的作用，为早期融资提供支持。2023 年底，德国政策性银行资产规模约 1.6 万亿欧元，占银行业资产规模的 15%，高于同期中国政策性银行的占比（9.7%）。德国复兴信贷银行（KFW）作为最大的政策性银行，也是"全能型"银行，2023 年底资产规模达 5736 亿欧元，中小企业贷款占比高达 42%。在贷款产品上，KFW 针对经营时间不超过 3 年的初创企业提供"欧洲复兴计划（ERP）创业贷款"，单项支持金额不超过 100 万欧元；针对有较大创新潜力的中型企业提供"ERP 数字化和创新贷款"，单项支持金额不超过 2500 万欧元。在贷款利率方面，受资助企业可获得不超 20 年的长期补贴利率和一定额度的贷款免偿优惠，贷款利率为 1.8% ~ 2.5%。在业务模式上，KFW 通过"转贷"机制委托商业银行发放贷款，2019 年转贷余额为 1927.4 亿欧元，约占总贷款额度的 60%。这种模式既避免了与商业银行的直接竞争，又解决了自身分支机构不足的问题，同时保持了政策性银行的中立性。此外，KFW 还通过其子公司德国复兴信贷银行资本（KFW capital）以新设或投资已有创投基金等方式，为创新型中小企业提供股权融资支持。

相比而言，中国间接融资体系中，国有大型银行占主导（40.3%），地方性法人银行占比不足（25.9%），且各类银行同质化竞争严重。科技型中小企业融资存在信息不对称、审批流程复杂等问题，贷款比重偏低[①]，融资成本相对较高，且贷款周期平均仅为2.7 年[②]。此外，政策性金融工具开发不足。2023 年我国政策性银行科技型中小企业贷款余额 7650 亿元，占科技企业贷款比重 17.8%，占全行贷款比重仅 2.25%，贷款利率 3.5% ～ 4.2%。与德国政策性银行相比存在明显差距。

2. 梯次有效的财政投入体系为企业早期融资提供了保障

一是通过设立接力式的初创型企业引导基金，助力企业接续发展。德国政府在联邦和州层面均设有多种政府引导基金和财政直接补贴项目。以黑森州为例，大学生通过高校孵化器创办初创企业，可获得 13 万欧元资助，项目失败无须偿还。此外，还可申请 PUSH 奖学金用于产品推广升级，资助经费为 4 万欧元。企业有了产品模型后，可申请 EXIST 项目，该项目不占股权且无须偿还，最高可获10 万欧元资助。若企业需要更多资金，孵化器可参股，如 CARMA 基金最高可提供 100 万欧元股权投资，投资期为 3 ～ 5 年。在种子期到 A 轮阶段，企业可申请德国联邦政府设立的高科技初创基金（HTGF），项目前三年每年可获 100 万欧元资金支持，后续还可获得不超过 300 万欧元资金，投资期为 5 ～ 10 年。此外，还可以申请Coparion 基金[③]，该基金重点关注具有创新产品或服务、高于平均增长潜力的年轻科技公司，集中于初创和早期增长阶段，每家公司

[①] 2023 年，我国科技型中小企业贷款余额 8.6 万亿元，占全行业科技贷款比重的 34.7%，占银行业总贷款比重的 4.3%。

[②] 股份制银行、地方性银行是科技型中小企业的贷款主体，2023 年科技贷款占全国的 56%，利率为 5.0% ～ 6.5%。

[③] 由德国复兴信贷银行资本、德国联邦经济事务和气候保护部（BMWI）和欧洲投资银行（EIB）出资设立，吸引了约 50% 的社会资本。

投资最高 1500 万欧元，通常分几轮融资。

二是通过融资担保，降低银行贷款风险。德国担保银行是由商业银行、手工业商会及工商业协会等机构共同发起设立的私人股份制公司。不以盈利为导向、不吸收存款、不发放贷款，只能为各联邦州的创业型、成长型中小企业提供担保。2019 年，德国担保银行约有 57% 的项目为初创企业（超过 3000 家）提供担保。担保银行可享受政府的税收优惠政策，新增利润用于担保业务则无须缴税。在风险承担方面，德国担保银行与商业银行承担的贷款风险比例分别为 80% 和 20%。对于担保银行承担的 80% 部分，联邦政府和州政府将进一步承担其中的 65% ~ 80%。

相比而言，中国近年来也加大了对科技型企业的财政投入，设立了各类政府引导基金，但在资金使用效率、政策协同性方面有待提高，部分地区引导基金存在投资方向不明确、返投比例过高限制市场活力等问题。

3. 良好的创新生态环境为中小企业融资提供全方位服务

德国拥有众多企业联合会、公共研究机构和公共服务平台，为中小企业提供全方位服务。德国联邦中小企业联合会（BVMW）作为德国最大的跨行业企业协会，代表中小企业发声，在经济和政治领域积极争取政策支持，改善中小企业营商环境。德国弗朗霍夫协会、马普学会、赫尔姆霍兹协会等四家重点研究机构，有效链接企业与高校，加速科技成果转化。德国技术创新与创业中心联盟（ADT）、工业研究联合会（AiF）、工业联合研究计划（IGF）等专业研究机构和资助项目，致力于搭建各类公共服务平台。此外，德国联邦经济事务和气候保护部、财政部、教育部及各州政府、德国工业协会、工商会等都设有专门负责中小企业发展的部门，从多个维度为科技型中小企业提供多元化、综合化服务。

中国在创新生态建设方面虽取得一定进展，各类创新创业园区、孵化器不断涌现，但在公共服务的专业化、国际化水平上与德国仍有差距，产学研合作缺乏长期协同机制，科技成果转化效率有待提升。不过，中国庞大的市场规模和丰富的应用场景，为科技型企业创新发展提供了广阔空间。

（三）德国金融支持科技型中小企业发展的经验与不足启示

德国金融较好地服务于实体经济发展，呈现出低成本、高可得性、富有韧性和约束力等特征，以较小的金融规模或较低的金融成本解决了科技型中小企业融资难题。

1. 成功经验

一是形成了适宜传统产业发展的科技金融体系。德国在其长期发展中，形成了与其中小企业特征、经济产业结构相适应的金融结构。德国中小企业以家族式企业为主，企业经营长期稳定。在产业结构方面，德国长期以制造业为主，且基本保持稳定。研究表明，以渐进式创新为主导的制造业发展模式，更适宜以银行为主导的融资模式。

二是差异化的银行体系设置与稳定的银企关系保障了良性有序的竞争机制。德国建立了储蓄银行、合作银行、商业银行、政策性银行和担保银行共同协作，优势互补、错位发展的科技型中小企业金融支持体系，有效避免了内卷式、同质化的恶性竞争，为企业长期发展提供了健康土壤。储蓄银行和信用社是中小企业融资的主力军，通过管家银行模式为中小企业提供融资，确保了融资供给的充分性和稳定性。商业银行作为重要的融资补充渠道，为科技企业提供全生命周期服务。政策性银行通过转贷策略、担保银行通过担保服务，发挥弥补市场失灵的作用，共同提升了早期融资的可获得性。

三是政府在支持科技企业早期融资方面发挥了引导与保障作用。德国政府着力在法律和政策上创造便利的融资环境，针对科创企业的早期成长阶段，形成了一整套组合拳。德国政府利用政策性银行的撬动作用，通过"转贷"推动商业银行提供长期低息贷款；通过财政补贴和设立引导基金等方式进行股权投资。同时，政府充分发挥风险分担作用，为银行提供保障。近年来，德国政府意识到直接融资对未来产业发展的重要性，加大对创业投资与资本市场的投入，如计划到2030年追加100亿欧元资金，德国复兴信贷银行（KFW）计划投入超过20亿欧元的自有资金，结合现有融资工具带动约500亿欧元的各类风险资本，重点支持数字、绿色转型等领域的前沿科技和颠覆性创新。

四是构建了多层次接续发展的科技金融生态。德国政府不仅为科创企业提供融资支持，还通过设立资助项目、科研和创新基金等，为大学、科研机构、科创公司的交流与国际合作搭建平台。通过各类企业联合会等非营利组织，进一步打通产学研渠道，帮助科创企业在科研项目攻关、成果转化，以及上市等方面获得更好的知识、技术支持及优质人才资源，以提高科创企业的"成活率"与"回报率"，优化创业生态环境，促进科技、金融、产业间的良性互动。

2. 主要挑战

近年来，德国经济增长乏力，2024年GDP增长仅为 –0.1%，企业破产数量明显增加，企业创新能力增长乏力，新兴产业发展滞后。德国主要经济指标如表 9-7 所示。一方面源于地缘政治与全球经济放缓等因素影响，另一方面难以掩盖其传统融资模式短板。德国的直接金融体系并不发达，且与美国等的差距不断拉大，部分优质科创公司被外国资本并购或赴美上市等情况时有发生。研究认为，发展滞后的直接融资市场已经严重制约了德国金融服务新经济的能力，导致为未来产业融资的严重不足，影响了德国经济增长的后劲。

表 9-7　德国主要经济指标

主要指标	2023 年	2024 年	2025 年[①]
GDP 增长率	−0.3%	−0.1%	0.4%
通胀率	5.9%	2.2%	2.1%
失业率	5.7%	6.0%	6.1%
工资增长率	6.6%	5.2%	3.5%
融资余额	−2.6%	−2.1%	−1.9%

注：数据来源于欧盟统计局、中国国家统计局、德国联邦统计局。

三、供给侧：银行业支持科技创新发展

从各国实践看，银行业的发展在支持科技企业发展中起到了重要作用。其功能的充分发挥大致可以概括为以下几个方面。

---

① 据专家委员会预测。

1. 构建多层次、差异化和广覆盖的银行体系

构建多层次、广覆盖和差异化的银行体系，有利于满足科技创新企业多样化、个性化的信贷需求。

德国银行业机构主要分为 7 类，分别是商业银行、州立银行、储蓄银行、信用社、按揭银行、建房互助协会和政策性银行，其中前四者为全能性银行，采取混业经营模式。在此背景下，德国金融体系服务中小科技企业主要通过以贷款为代表的间接融资方式完成，逐步形成了以政策性银行为引领、商业银行发挥主力军作用、担保银行提供风险保障的银行支持体系（图 9-5）。

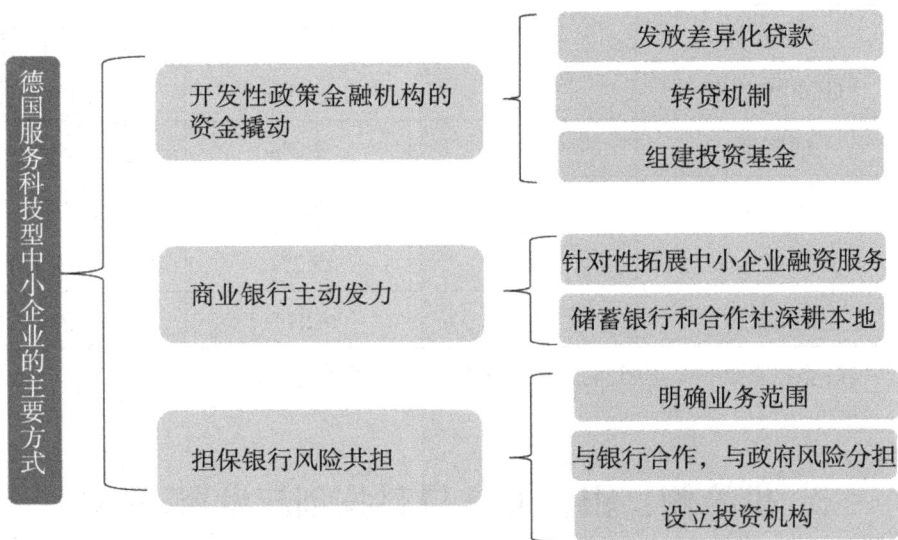

图 9-5　德国银行体系扶持科技型中小企业的主要方式

与德国类似，日本同样以间接融资为主，其商业银行体系包含以城市银行和城区银行为代表的民间金融机构及以日本政策金融公库、商工组合中央金库、日本政策投资银行和国际合作银行为代表

的政策性金融机构，政策性金融机构虽然分工不同，但都是以更优惠的贷款利率、更灵活的贷款期限和融资条件向科技型企业提供融资支持为目标。日本银行体系如图9-6所示。总体来看，日本商业银行体系与科技创新形成的是"分层"模式，例如，以三菱银行为代表的大规模城市银行对接大型科创企业的科技创新，而中小金融机构主要对接中小企业的科技创新。

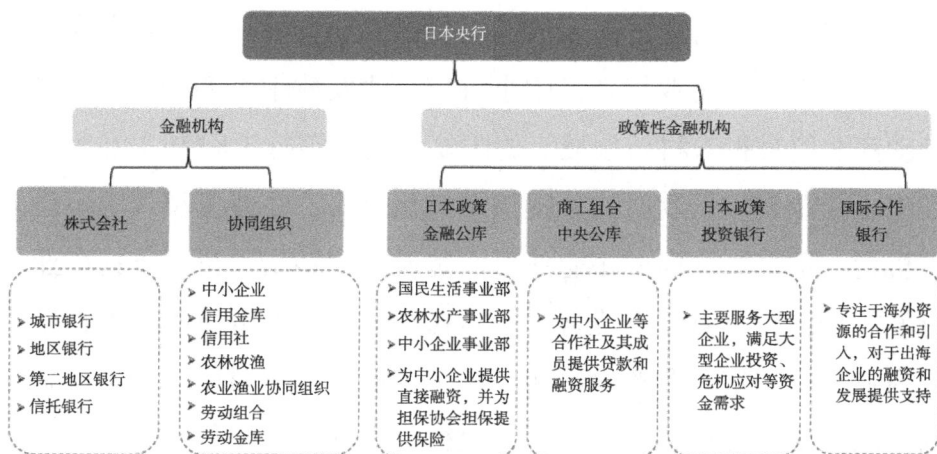

图9-6　日本银行体系

美国虽然以直接融资为主，但其社区银行①在支持初创期科技企业方面发挥了重要作用。以硅谷银行为例，在早期的发展阶段，硅谷银行凭借其优良的服务，与当地的大多数企业建立了合作关系。

---

① 在美国，社区银行通常是指小型商业银行，在特定的社区范围内，基于对客户的熟识提供有针对性的个性化金融服务。社区银行的存款客户主要集中在社区内的农场主、小企业和居民，短期内存款余额可能有所波动，但长期来看是相对稳定的。同时，社区银行拥有灵活的客户互动方式与良好的客户服务体验，社区银行一般将人性化、特色化服务作为其核心优势。

其所在的加州圣克拉拉除了有很多非常活跃的股权基金和创业投资公司，还聚集了大量的新兴领域，如信息技术、生命科学、清洁能源行业的高科技公司。

2. 充分发挥政策性金融机构服务国家科技战略的重要职能

政策性金融机构往往通过直接或间接方式为科技企业提供长期低息贷款、无抵押无担保贷款等支持。

德国在支持科技企业融资活动中，政策性金融机构发挥了相当重要的作用。政府通过向政策性银行提供利息补贴，引导和支持政策性银行为中小企业特别是中小科技企业发放中长期贷款，并以此带动商业信贷投入科技领域。德国复兴信贷银行（KFW）在为创新型中小企业发放贷款时注重提供差异化产品，在业务模式上不设分支机构，不直接面向中小企业，而是通过"转贷"机制委托商业银行发放贷款，具有以下优势：一是在一定程度上解决了开发性银行与商业银行的定位和竞争问题；二是可满足客户对中长期低息贷款的需求，留住客户；三是向转贷银行收取的利率要低于转贷银行向客户收取的利率，使转贷银行获得的收益在某些情况下甚至会超过自营贷款。通过这种利益分配，KFW 将从资本市场筹集到的低利率资金和政府利息补贴的好处，转给了中小企业客户及转贷银行，自身也获得了低风险收益（图 9-7）。

日本政策金融公库（JFC）设立的"初创型企业贷款计划"，主要针对缺少抵押品或担保人、但具有良好成长前景的研发类中小企业。该计划最高可提供 1000 万日元的无担保、无抵押贷款，其中运营资金贷款还款期限最长为 5 年，设备贷款还款期最长为 7 年[①]。

---

① 资料来源于日本政策金融公库官网文章"Micro Business and Individual Unit"。

2022 年，日本政策金融公库共为 825 家具有高成长潜力的中小企业发放 432 亿日元贷款[①]。

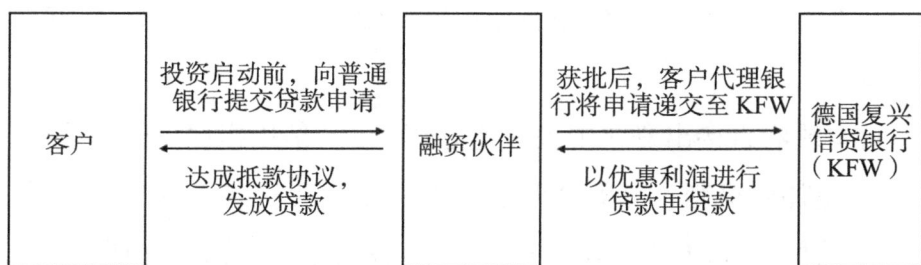

图 9-7　德国复兴信贷银行"转贷"机制

3. 针对科技型企业特点创新金融服务模式和信贷产品

考虑到科技型企业具有分布分散性、活动复杂性、发展高速性等特征，各国银行业金融机构不断创新金融产品与服务模式。

对于初创企业的金融服务，硅谷银行（SVB）拥有针对性的营销策略、产品创新、信审流程和风险控制体系。硅谷银行按照企业初创期、成长期、成熟期的不同金融需求，分别制定了"SVB 加速器""SVB 增长""SVB 企业金融"3 种服务方案，对应匹配企业的整个生命周期的资金供给。硅谷银行除为科技企业提供传统融资以外，一方面创新服务模式，引入创业投资机构建立投贷联盟，开展股权投资、知识产权质押贷款、认股权证、共同成立优先劣后科技产业基金等多元化金融服务合作，并通过创业投资机构加快对知识产权的处理变现；另一方面创新经营模式，建立专业的金融服务团队，打造行业专长，实现专业化审批，在掌握投资公司资金动向的

---

① 资料来源于日本政策金融公库 2023 年年报。

同时，也吸收到低成本的活期存款资金。

4.构建科技型企业融资的风险分担和补偿体系

银行的风险偏好相对较低，与科技企业高风险存在一定矛盾，需要政府通过有效方式缓释商业银行风险，降低科技企业信贷门槛和成本。

日本政府直接出资在中央和地方建立了"信用担保＋信用保险"两级信用补充机制，有效降低了中小科技企业贷款成本。全能银行制度下的德国政府规定担保银行专业化发展，即只能做担保业务，通过三条保障机制担保银行实现可持续运营，同时为科技型中小企业建立了以担保银行为核心、以州政府和联邦政府为辅的多层次融资担保体系。

以下为德国担保体系：

德国各州担保银行是由商业银行、保险公司、工商业联合会、手工业联合会及行业协会等自发出资成立的，是具有互助自助性质的非营利机构。这些机构成立担保银行的目的是，通过促进中小企业发展，带动自身业务发展，形成良性循环。担保银行维持经营的资金主要来源于3个方面：一是自有资金利息，二是担保费收入，三是德国政策性银行——复兴信贷银行提供的低息贷款。此外，为保护和扶持担保银行发展，政府规定，只要担保银行的新增利润仍用于担保业务，担保银行就不需要缴纳任何税费。

按照规定，企业一旦出险，担保银行与承贷银行的风险分摊比例为8：2。对于这80%的风险损失，联邦政府、州府、担保银行再进行结构性消化，在原联邦德国各州，联邦政府承担31.2%，州政府承担20.8%，担保银行承担剩余的28%；在原民主德国各州，联邦政府承担 38.4%，州政府承担 25.6%，担保银行仅承担剩余的 16%。联邦政府对担保银行的补偿资金比例一般是 5 年做一次规划，会根据担保银行的损失情况进行动态调整。

四、供给侧：创业投资支持科技创新发展

美国是全球创业投资的发源地，第二次世界大战以后，随着电子技术的迅速发展，美国大企业开始涉足开拓性投资领域，金融机构也开始为研制新科技产品的企业提供资金。1946 年，美国成立了第一家具有现代意义的创业投资公司——美国研究与发展公司（ARDC），开创了现代创业投资业的先河。1947 年，ARDC 投资了高瓦特电子公司；1957 年，ARDC 投资了数字设备公司（DEC），退出收益高达 700 倍。至此，创业投资开始在美国流行起来。截至 2023 年底，美国现存的创业投资公司 3417 家，创业投资基金 7238 家。当年共有 1706 亿美元投资于 13 600 笔交易，约占全球市场的 50%。

1. 通过设立政府引导基金，带动关键核心技术领域快速突破

美国政府引导基金的发展主要体现在小企业投资公司（small business investment company，SBIC）计划的发展上。第二次世界大战后美国经济发展，中小企业迎来小高峰，但仍面临融资难题。1953 年美国出台《小企业法案》，创办了小企业管理局（SBA）。1958 年美国出台《小企业投资法案》，随后 SBA 推出 SBIC 计划，旨在解决中小企业融资难问题，推动其业务增长、扩张及现代化。多年来，SBIC 计划不断发展和完善，已经成为推动美国经济增长的

重要力量。今天，美国如今的很多行业领头羊，如英特尔、苹果、联邦快递等都是在该计划的支持下诞生和发展壮大的。

2023年7月，SBA实施了SBIC投资多元化和增长规则，对SBIC计划进行了政策和监管改革。该规则对SBIC计划的结构进行了改进，引入了新的政府担保贷款形式——SBIC应计债券。这种债券旨在匹配股权导向投资策略的现金流模式，使SBIC计划对那些专注于小企业和初创企业股权投资的私人基金更具吸引力。

2024年2月，SBA批准了第一个SBIC关键技术（SBICCT）基金。其资金来源包括两部分，一部分是私人资本，需要基金申请人先在私人资本市场上筹集一定规模的资金，以显示市场对该基金的认可和支持；另一部分是政府担保资金，当私人资本筹集达到一定要求后，SBA会为该基金提供相应比例的政府担保资金承诺，从而吸引更多的私人资本参与。SBICCT基金主要投资于具有关键技术的小企业，包括人工智能、半导体、量子计算、生物技术、先进材料等对国家经济和安全具有重要战略意义的领域。这些企业通常处于种子期、初创期或早期成长期，具有较高的技术创新能力和发展潜力，SBICCT基金旨在帮助它们克服资金瓶颈，加速技术研发和商业化进程。

2. 专注于新兴产业、未来产业等关键领域，带动全产业链发展

从全球范围来看，创业投资所投科技型企业占比80%以上，在以色列更是高达90%以上。全球独角兽企业的背后都有创业投资的身影。实践中，美国创业投资的行业非常集中，且主要投资于信息技术和生物科技等高科技领域（表9-8）。20世纪80年代以信息技术为引领的第三次工业革命刚刚起步，美国创业投资对软件行业的投资金额占比高达 44%，到 2000 年达到历史顶峰，占比 75%。这种高强度的集中式投资，带动了整个产业发展。美国创业投资对信息产业和生物产业的长期稳健投资，催生了其在信息产业和生物产业的全球领导地位。

表 9-8　美国创业投资的行业投资金额占比（1980—2023 年）

类别	1980 年	1985 年	1990 年	1995 年	2000 年	2005 年	2010 年	2015 年	2021 年	2022 年	2023 年
软件行业	44.0	70.0	53.0	54.0	75.0	60.0	49.0	70.2	38.7	37.4	39.1
生物健康	16.0	13.0	26.0	23.0	8.0	28.0	29.0	18.4	14.2	13.0	12.5
其他	39.0	16.0	20.0	21.0	17.0	12.0	22.0	11.4	47.1	49.5	48.4

资料来源：根据美国风险投资协会（NVCA）发布的美国创业投资历年报告整理。

3. 坚持长周期投资，为企业提供成长链条上度过死亡谷的重要资金

坚持长周期投资，是创业投资发展的生命力之所在。研究表明，尽管投资于早期阶段的项目面临的风险可能更高，但由于介入期更早，企业的增值空间更大，获得的实际回报率更高。美国创业投资的投资项目阶段占比如表 9-9 所示。美国创业投资资金来源以市场化资金为主，从早期的个人投资为主（1978 年时个人投资占比达到 34%）转向长期机构投资者。近年来，养老基金、退休基金和捐赠基金的合计占比近 60%。长期性资本的供给使得美国创业投资对种子期和起步期的项目投资占比接近 80%，投资周期在 8 年甚至更长，有效促进了小企业成长。从投资项目的阶段来看，种子期的投资项目长期占比超过 30%，种子期和早期项目占比在 60% ~ 70%。

表 9-9 美国创业投资的投资项目阶段占比

阶段	2013 年	2014 年	2015 年	2016 年	2017 年	2018 年	2019 年	2020 年	2021 年	2022 年	2023 年
种子期	36.0%	36.4%	36.9%	36.7%	36.8%	36.1%	36.6%	37.7%	37.2%	37.2%	32.1%
早期	39.4%	38.2%	37.9%	36.6%	36.3%	35.0%	32.6%	30.3%	31.5%	31.4%	33.2%
中后期	19.7%	20.5%	20.9%	22.2%	22.3%	23.9%	25.8%	26.6%	26.3%	26.7%	29.2%
成熟期	4.9%	4.9%	4.3%	4.5%	4.5%	5.0%	5.0%	5.5%	5.0%	4.7%	5.5%

资料来源：美国风险投资协会（NVCA）2023年报告。

4. 通过拓宽募资、减少税收等政策，扶持行业良性发展

在美国创投发展过程中，政府充分发挥了有形之手的作用，扶持行业成长。一是通过政策立法，拓宽行业募资渠道。早在 1953 年，美国国会通过小企业法案，创立小企业管理局（SBA），通过全国小企业信用担保体系，对创业投资注资的企业提供最高可达 500 万美元的贷款担保。1958 年，美国通过投资法案，创建小企业投资公司（SBIC），通过长期贷款、债券、股权投资等多种方式为小企业提供融资支持，引领带动了创投行业的发展。1974 年美国通过《职工退休收入保障法》，1979 年放宽了养老基金的投资限制，大幅提升了创业投资的资金水平。二是政府的税收调节作用。由于创业投资在退出之前通常会承受连年亏损的阵痛，其持股的高风险与长周期特征对税收政策尤其是长期资本利得税政策具有高度敏感性。对此，美国政府颁布税改法案，将资本利得税从最高时的 49% 降低到 "0"，同时针对资本持有年限实施不同的税率，细分征税范围，对投资小企业股所得 100% 免税。此外，美国各州政府还推行地方税收抵免政策，对新兴小企业、女性创办企业等诸多投资种类采取不同程度的税收抵免。三是放松监管，促进市场发展。2007 年以前，美国私募股权基金（VC、PE）基本不在监管之列。2007 年金融危机后，美国国会在 2010 年通过的《多德－弗兰克华尔街改革和消费者保护法》中加强了对私募基金行业的监管；但对于资产规模在 1000 亿美元以下的创业投资，由于其不涉及杠杆、投资锁定期较长、流动性不敏感等特有属性，仍然豁免监管，保障了创业投资宽松的政策环境。

5. 营造创投生态圈，促进行业内生良性循环

从全球范围看，创业投资具有极强的集聚效应。良好创投生态圈的形成，从供给方而言，既需要丰富具有潜力的项目源，也需要各类资金募集渠道；从实现价值而言，既需要与上下游的金融链条进行良好的衔接，也需要完善的多层次资本市场、优秀的领军人才与宽松良好的政策环境。以美国为例，创投主要集中在加利福尼亚州、纽约州和马萨诸塞州，3 个州占据了美国创业投资总量的 70%以上。其中，硅谷是美国创业投资颇具代表性的地区之一。2021 年硅谷创业投资完成了 441 亿美元交易（占全美的 13.2%），金额与数量均创新高，投资估值超 10 亿美元的独角兽企业 213 家。硅谷新成立的初创公司 226 家，专利数 18 730 件。创业投资者大多是跨行业人才，有着政产学研方面的丰富经验，也有很多是成功的创业者。在硅谷，早已形成高科技企业与创业投资往复循环的良好生态圈（图 9-8）。

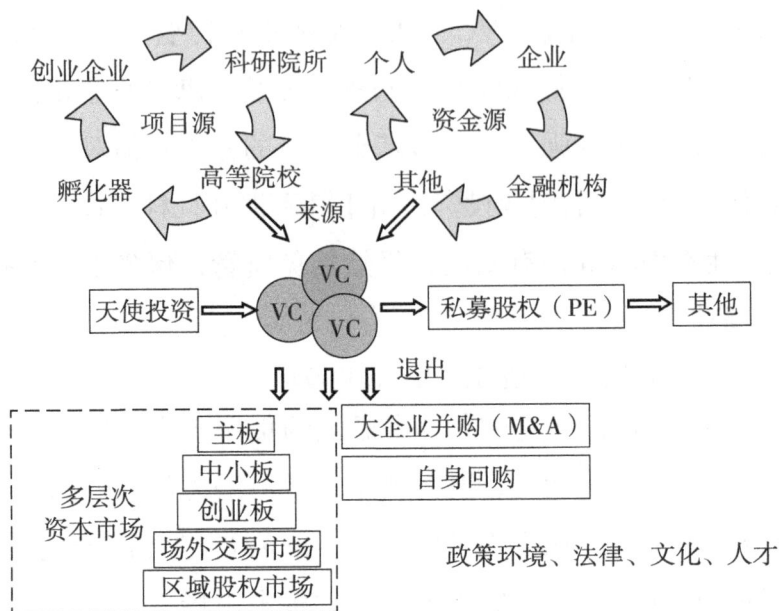

图 9-8　创投金融生态圈示意

五、供给侧：保险业支持科技创新发展

科技保险是科技金融体系中的重要组成部分：一方面，保险具有风险分担功能，能够为科技型企业提供增信和风险保障；另一方面，保险资金的中长期特点也与科技创新研发的长周期性更为匹配。

1. 构建覆盖科技创新链条的保险体系，精准支持科技创新

发达国家和新兴经济体在相关领域顺应市场需求开展自主研发，科技保险的深度和密度均已达到一定程度。一是扩展保险覆盖面，分散技术创新风险。欧美等保险公司针对创新活动，设置了企业研发保险、IT 承包商保险、创业企业商业保险；针对人员保障需求，推出了科研人员保险、软件开发人员保险、网页设计师保险等多种专项保险产品；针对知识产权，形成了覆盖知识产权贷款、知识产权申请、执行责任和侵权责任、诉讼法律费用等的保险产品；针对网络安全，形成了财产损失险、责任险和综合险等。二是细化科技保险产品分类，增强险种针对性。国外保险公司通过细化分类的方式，使得险种设计更加具有针对性、实用性和吸引力，保险保障的覆盖范围也更广。比如韩国根据地区差异，创新推出北美和欧洲知识产权安全团体保险、亚洲和大洋洲的出口安全保险等。丹麦为中小企业设置了不同级别的知识产权保险，在基本保障之外，企业可以根据自身需求进行选择，地域覆盖范围还可扩展至欧洲甚至全世界。

2. 建立多层次的保险风控体系，降低科技保险风险

科技保险投保企业业务活动面临技术、资金、政策、市场需求及法律等多重复杂风险，各国持续强化科技保险风险管理工作。一是探索建立科技保险再保险制度。日本政府为知识产权许可保险设立了再保险制度，极大地提高了知识产权保险的信用等级与承保企业的风险承担能力。二是发挥第三方机构的专业优势。科技保险涉及诸多新兴风险，在缺乏历史风险数据和专业知识支撑的情况下，借助第三方力量是实现精准的定价模型、风险量化及专业增值服务的较为高效的途径。在网络保险领域，美国保险企业在政府支持下，持续推进与专业网络安全公司、保险科技公司等第三方机构的合作，如保险业协同数据公司（Advisen）、风险建模公司（RMS）等，建立网络安全风险基础数据库。国际再保险经纪公司佳达保险（Guy Carpenter）与网络安全公司赛门铁克（Symantec）合作，共同创建网络安全加总模型。

3. 拓宽保险资金应用渠道，最大化实现经济效益

保险资金具备规模大、来源稳、久期长的特性，成为适配科创企业发展的理想资金，经常为创业投资、资本市场提供长期资金和耐心资本。在支持科技创新的同时，实现了保险资产的多元化配置。

各国政府大多鼓励养老基金和保险资金参与创业投资。美国政府曾经多次降低投资收益税税率，并修改相关法律，为美国保险资金进入创业投资起到积极作用。例如，1978年美国劳工部对《雇员退休收入保障法》进行修订，修订之后的法律规定只要不危及整个养老基金的投资组合，养老基金可以投资于创业资本市场，此后养老基金迅速成为美国创业投资业的主要资金提供者。监管方面，美国实行联邦政府和州政府两级监管，主要由美国国家保险委员会（NAIC）负责，各州可以在 NAIC 指导下选择"鸽笼式"投资[1]或"谨慎式"投资[2]，这种分地区、分组合的弹性监管体系增强了保险资金投资的灵活性，有利于促进保险资金进入创投领域。

保险行业结合自身业务积极拓展投资范围。从投资领域看，第一类是投资保险科技类公司，有利于精准抓取潜在保险需求，反哺其自身保险业务。第二类是投资保险上下游产业。如寿险公司积极投资生物医药类企业的研发活动，及与寿险相关的财商教育和遗产规划、

---

[1] NAIC 在 1996 年《保险公司的投资示范法》（规定限制版）中，限定了保险公司的投资范围包括债券、投资组合、股本投资、动产、不动产、抵押贷款、境外投资及保单质押贷款等十种资产，每种资产的投资比例及投资性质都有规定，也被称为"鸽笼式"监管。

[2] NAIC 在 1997 年《保险公司的投资示范法》（规定标准版）中，要求如果保险公司的投资总额等于或超过其负债与最低资本金和盈余的总额，就必须投资某些指定允许的投资品种，超过最低额的金额可参考谨慎标准和禁止投资项目表来投资。

与健康险相关的健康管理和线上诊疗平台及网络风险管理和养老等领域。以万通创投（MassMutual Ventures）为例，其母公司美国万通人寿保险公司（MassMutual）是一家寿险公司，提供的金融产品有人寿保险、伤残收入保险、长期护理保险、退休计划服务和年金，该公司投资的标的包括儿童财富教育和规划、银行及癌症和神经系统疾病的治疗平台，与其涵盖寿险、金融等主业相一致（表9-10）。

表9-10 2023年上半年MassMutual Ventures投资情况

投资方	投资标的	业务类别
MassMutual Ventures	Qritive	Qritive开发诊断工具，集成了人工智能，帮助临床医生检查患者数据中的显微镜图像和文本
	Clinikk	Clinikk帮助应对医疗保健问题，为任何医疗保健需求提供单一联系点
	Aspire	Aspire为中小企业提供商业信贷额度，帮助解决其营运资金需求
	Zylo	Zylo开发了一个用于基于云的订阅的企业管理平台
	Sikoia	Sikoia为金融服务提供客户数据平台和应用程序编程接口（API）市场
	Scrut	Scrut是一个风险合规自动化平台，可帮助中小企业遵守各种信息安全标准并保持安全态势
	HelloBetter	开发提供心理数字疗法，将认知行为疗法转化为在线课程体验
	EduFund	提供帮助家长规划、储蓄和投资儿童教育的解决方案
	Griffin	提供银行即服务平台
	Turbine	提供了一个细胞行为模拟平台来了解癌症的内在机制
	nyra health	为神经系统患者提供数字治疗平台

4. 创新科技保险业务新模式，提升服务效率

通过推动科技保险与基金、担保等其他金融产品交叉融合，充分发挥其风险管理、经济补偿、社会治理功能，引导社会资本流向科技创新领域。

以色列"科创基金＋科技保险"模式。以色列政府规定，科技企业必须购买科技保险才可获得科创基金投资，保费由科创基金提供。目前，以色列境内 60% 左右的创投机构和获得创投资金的科技企业均购买了科技保险，通过支付少量固定的保费将大量不确定的科技风险转移给专门的保险公司[①]。以色列科技保险最大的特点是由政府引领，科创基金提供保费，科技保险公司为不同发展周期的科技企业提供长达 7 年的综合性保险。

日本"信用担保＋信用保险"两级信用补充机制。日本形成了政策性金融机构引导、信用担保和保险机制支持、民间金融机构参与、资本市场补充的融资体系，其中"信用担保＋信用保险"两级信用补充机制发挥了重要作用。信用保证协会为中小企业信贷提供担保，政策金融公库为信用保证协会提供保证保险。中小企业信用保险公库承保信用保证协会开展的信用担保业务，一方面对信用保证协会发放的贷款给予再保险，另一方面保险金库对信用保证协会提供必要的短期和长期资本贷款，充当最后贷款人，保证该协会的平稳运转（图 9-9）。

---

① 朱莉妍．探究我国科技保险高质量发展路径 [EB/OL]．（2022-04-20）[2025-06-06]．https://www.financialnews.com.cn/bx/bxsd/202204/t20220420_244483.html.

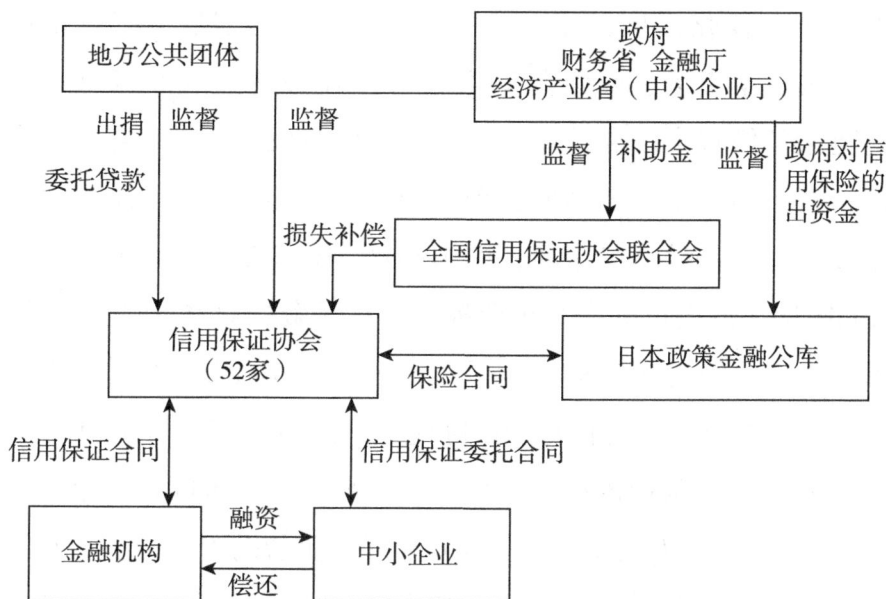

图 9-9 日本"信用担保 + 信用保险"两级信用补充机制

六、供给侧：资本市场支持科技创新发展

美国是高度市场化国家，资本市场成熟，高度发达的资本市场对于新兴产业更具有包容性和灵活性，市场的优胜劣汰也更具竞争性。多年以来，美国通过资本市场服务产业经济，实现了以高新技术产业为主的产业升级，摆脱了制造业由盛转衰的困境，成为世界第一大经济体。

1. 资本市场多层次一体化和国际化发展

各类具有成长性和竞争力的科技企业发展带来了直接融资需求，美国的资本市场形成了一个由粉单市场、场外交易市场、纳斯达克证券交易所、纽约证券交易所构成的多层次资本市场体系，并

2

逐渐实现一体化发展，完善了促进经济发展的多层次资本市场机制。美国资本市场主要分为3层：一是面向大型企业的纽交所、纳斯达克全球精选市场和纳斯达克全球市场组成的主板市场；二是面向高科技企业和中小型高成长企业的全美证券交易所和纳斯达克资本市场；三是场外交易市场，即由 OTCBB、OTCPink、OTCQX 和 OTCQB 构成的向广大中小企业提供股权融资的 OTC 市场。美国多层次资本市场结构如图 9-10 所示。资本市场国际化主要体现在以下3个方面：①资本市场自身的国际化，即发达国家的资本市场2000年以来发起了对其他国家资本市场的并购，形成国际资本市场一体化；②随着经济贸易国际化，本国上市企业借助资本力量，到世界各地投资扩张；③借助本国的机制优势，吸引大量境外企业到本国资本市场上市，资本市场获取超越国界的溢出效应。

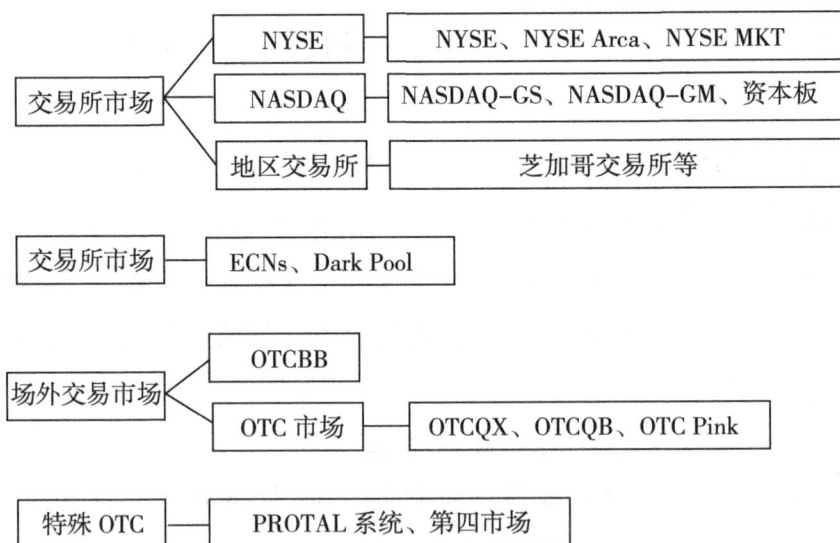

图 9-10　美国多层次资本市场结构

2. 强化资本市场制度创新，不断提升科技创新包容性

纳斯达克自成立之初就允许未盈利企业上市，纳斯达克全球市场和纳斯达克资本市场提供了 7 种方案供企业选择，从营收、市值、净利润、现金流等多个维度判定企业上市标准，极大便利了科技能力变现周期相对较长的企业进入资本市场。从 20 世纪 80 年代至 2022 年底，美国科技企业 IPO 数量占比超过 1/3，放松有关盈利状况的上市要求降低了科创企业上市门槛，1980 年至今 40 年间未盈利上市企业平均占比达到 42%。此外，美国资本市场具有完善的退市制度，包括自愿退市和强制退市。其中，并购、私有化等是自愿退市的主要原因，强制退市与国内类似，上市公司不满足交易所的持续上市标准将会被交易所强制退市。总的来看，美股退市制度的优势主要在于退市的标准多元且容易量化、退市流程高效及更为丰富的退市渠道，准入退出体系的完善提高了资本市场的融资效率。此外，还构建了灵活的转板机制，提升了资源配置效率。转板包括升级转板、降级转板、平级转板和内部转板。对于科技企业而言，多元化的上市标准、以注册制为核心的 IPO 体系以及灵活的分层市场制度既降低了科技企业上市的门槛，也减少了企业负担，特别是 2012 年颁布了以《创业企业促进法》为代表的新规，加大了对新兴成长型企业的 IPO 上市融资的政策倾斜。

3. 资本市场不断改革创新，引领创新演化、产业变迁与世界经济体系转变

自 2000 年以来，纳斯达克资本市场经过 5 次较为显著的改革创新（图 9-11），发展成国际化的资本市场，同时成为链接联通灰色市场、粉单市场、场外交易市场和纽约证券交易所的纽带，更是促进创新型经济发展的资本市场。通过分析美国上市公司行业分布、

企业盈利状况、最大市值等指标发现，资本市场有力促进了美国摆脱工业经济滞胀的困境，引领创新演化、产业变迁与世界政治经济体系转变，实现向数字经济时代的跨越（表 9-11）。

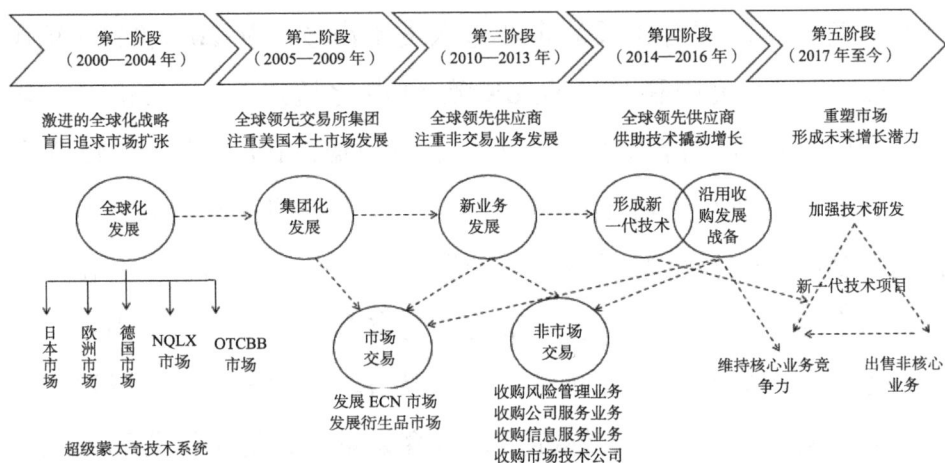

图 9-11　2000 年以来美国纳斯达克资本市场的主要创新

（资料来源：根据美国纳斯达克历年财报整理）

表 9-11　全球前十大市值公司的变迁

排名	1990 年	2000 年	2010 年	2020 年	2023 年
1	日本电报电话公司	微软	中国石油	苹果	苹果
2	东京三菱银行	通用电气	埃克森美孚	沙特阿美	微软
3	日本兴业银行	NTT DoCoMo	微软	微软	亚马逊
4	三井住友银行	思科	中国工商银行	亚马逊	英伟达
5	丰田汽车	沃尔玛	沃尔玛	谷歌	谷歌

续表

排名	1990 年	2000 年	2010 年	2020 年	2023 年
6	日本富士银行	英特尔	中国建设银行	脸书	Meta（原脸书）
7	日本第一劝业银行	日本电报电话公司	必和必拓	腾讯	特斯拉
8	IBM	埃克森美孚	汇丰银行	特斯拉	礼来
9	日本联合银行	朗讯	巴西国家石油	阿里巴巴	联合健康
10	埃克森美孚	德国电信	苹果	伯克西尔哈撒韦	台积电

资料来源：Wind数据库。2023年数据的截止时间为2023年10月26日，其他年份数据的截止时间为当年12月31日。

在具体业务方面不断创新，通过创新提升融资效率。近年来，以特殊目的收购公司（SPAC）为代表的非传统 IPO 数量猛增。SPAC 是一种没有实际运营业务的空壳公司，其目的是通过上市筹集资金，然后再去收购有潜力的非上市公司，帮助其实现上市。从某种程度上看，SPAC 在成立之初可以被认为是一种类似非营利公司的实体（因为没有实际业务收入），但它是通过特殊的资本运作方式进入资本市场，最终帮助其他企业上市，运作流程如图 9-12 所示。在这种模式下，非营利的空壳公司通过一系列操作，间接地让一些原本可能难以直接上市的企业进入资本市场。第一阶段，SPAC 会在业务开展前从公众处筹集资金，其保荐人一般有两年时间通过兼并收购寻找目标公司。2021 年初至今，美国证券交易委员会（SEC）已收到 700 份来自寻求上市的空壳公司的招股说明书（S-1）申请。

迄今为止，SEC 已完成 200 份"空头支票 IPO"，而 2016 年全年只有 13 份。第二阶段，当 SPAC 与目标公司合并时，公司会向 SEC 提交 S-4 上市兼并申请，以使目标公司进入公开市场。虽然大多数市场参与者称之为"去 SPAC"（de-SPAC），但仍可称其为"目标 IPO"，因为合并使得目标公司能够首次进入公开市场。与此同时，SPAC 通常通过公共股权私人投资或上市公司私募股权融资（PIPE）的交易活动筹集资金。数据显示，从 2021 年初至今，"目标 IPO"已多达 215 起。SPAC 的运作融 IPO、认股权证、反向收购、PE 管理等多种工具于一体，实现了并购交易的投资化甚至资管化，2019年起在美国市场持续火爆。

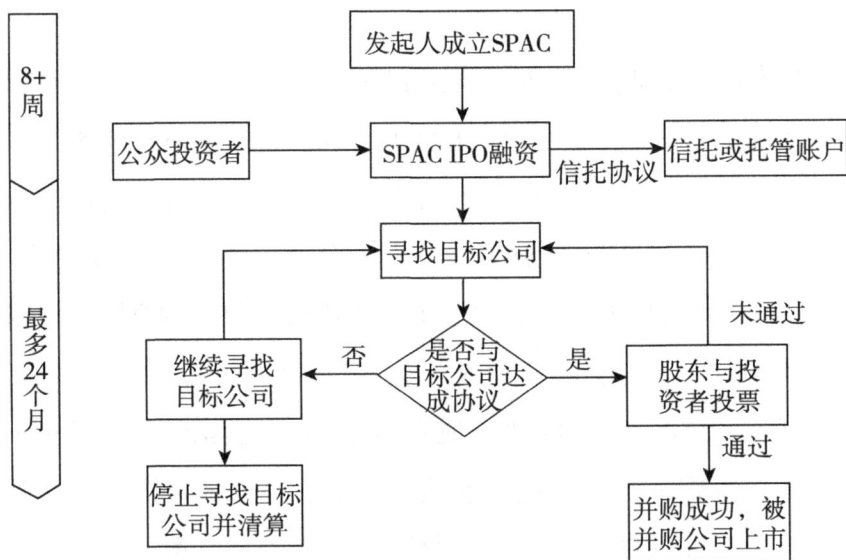

图 9-12　美国资本市场 SPAC 上市流程

七、需求侧：人工智能产业的金融支持

当前，全球人工智能领域呈现出前所未有的迅猛发展态势，人工智能技术已经渗透到医疗健康、金融服务、教育、交通等社会的各个领域，极大地提升了生产效率，推动了科技发展。从 AI 细分领域来看，大模型成为全球人工智能竞争的主要战场之一。2022 年以来，AI 大模型层出不穷，AI 技术应用也呈现出百花齐放的态势。OpenAI 发布的语言大模型 ChatGPT 引发了社会的广泛关注。在"大模型 + 大数据 + 大算力"的加持下，ChatGPT 能够通过自然语言交互完成多种任务，具备了多场景、多用途、跨学科的任务处理能力。以 ChatGPT 为代表的大模型技术可以在经济、法律、社会等众多领域发挥重要作用。大模型被认为很可能像 PC 时代的操作系统一样，成为未来人工智能领域的关键基础设施，这引发了大模型的发展热潮。大模型不仅能够理解并回应人类的语言，还能进行复杂的逻辑推理和生成富有创意的回答，在智能客服、在线教育、娱乐互动等领域展现出了巨大的应用潜力。大模型技术的不断突破，使得人工智能能处理更复杂的任务，提供更准确的结果，并在各个领域实现更广泛的应用。美国的大模型发展引领全球，金融资本在其中发挥了重要作用。大模型的研发需要大量的资金投入，包括模型的训练和推理、研发人员的薪酬、设备采购、数据集构建等，资本的注入使得这些研发活动得以顺利进行，推动了技术的快速发展和迭代。此外，通过提供资金支持和市场推广，金融资本帮助美国的大模型技术在全球范围内获得了更多的关注和认可。这不仅增强了美国在全球科技领域的影响力，也促进了国际上的技术交流与合作。

目前，美国的 OpenAI、谷歌、Meta 等顶尖科技企业在大模型领域处于领先地位。例如 OpenAI 发布的 GPT-4o 具有堪比真人的交互能力，谷歌推出的视觉识别和语音交互产品 Project Astra 等。美国大模型技术正在接近甚至突破性能红线，并被投入实际应用中。在大模型的实际应用和产业价值转化方面，美国仍保持显著领先优势。

1. 典型案例分析

以美国 OpenAI 为例，OpenAI 是一家位于美国旧金山的人工智能研究公司，现由营利性公司 OpenAI LP 及非营利性母公司 OpenAI Inc. 组成。核心宗旨在于"创建造福全人类的安全通用人工智能（AGI）"。OpenAI 以大模型为核心开创了 AI 领域的新一轮创新范式，成为引领通用人工智能的领军企业。2023 年，OpenAI 公司收入已突破 16 亿美元，已经有 200 万开发者正在使用 OpenAI 的 API（应用程序接口），在全球各地提供多种多样的服务；92% 的《财富》世界 500 强公司正在使用 OpenAI 的产品搭建服务，而 ChatGPT 的周活用户数也达到 1 亿人。

OpenAI 最早为非营利组织，于 2015 年底由萨姆·奥尔特曼（Sam Altman）、彼得·蒂尔（Peter Thiel）、里德·霍夫曼（Reid Hoffman）和埃隆·马斯克（Elon Musk）等创办，并自行投入了 1 亿美元的资金。在成立初期，OpenAI 主要致力于人工智能的研究和开发，积极开展各种项目和实验，推动人工智能领域的前沿进展。OpenAI 在 2018 年进行了 A 轮融资，募集到了 13 亿美元的投资，投资方包括了国内外多家知名投资机构和个人。在 2019 年，OpenAI 进行了 B 轮融资，共计募集了 10 亿美元的资金。这轮融资吸引了一些全球顶尖的投资机构和公司进行投资。在 2020 年，

OpenAI 又完成了 C 轮融资，募集了 15 亿美元的资金。这轮融资吸引了更多国际知名投资机构和公司的参与。在 2024 年 4 月发布的第六届福布斯 AI 50 强榜单中，OpenAI 累计筹资金额高达 113 亿美元，占 50 强企业总筹资金额的 1/3 左右。

从投资机构看，OpenAI 的投资者包括两类。一类是风险资本，如红杉资本、梅里特资本等，风险资本为 OpenAI 大模型的持续迭代提供了重要支撑；另一类是企业和 CVC[①]，如微软、亚马逊及其设立的 CVC 等。从融资用途看，OpenAI 的融资主要用于支持其研发工作，包括机器学习、自然语言处理、计算机视觉等领域的研究和开发。除了研发资金外，OpenAI 还需要投入大量资金来建设和维护其基础设施，如数据中心、计算资源等，这些基础设施是 OpenAI 能够持续推出创新成果的重要保障。

此外，OpenAI 自身也设立创业投资基金并于 2022 年 12 月推出加速器 Converge，OpenAI 通过其创业投资基金与 Converge 加速器协同运作，2022 年 12 月至 2024 年 3 月共投资了 26 家公司，持续扩大 ChatGPT 的生态圈。

2. 经验启示

结合美国及全球主要国家的经验做法，总结主要启示如下：

（1）以人工智能为代表的未来产业，天使投资人起到重要的助推作用

天使投资人通常具有较强的风险承受能力和敏锐的市场洞察

---

① 　CVC，corporate venture capital，企业风险投资，指的是企业成立的独立创业投资部门或创业投资机构，使用自有的非金融资金投资母公司战略发展目标或者产业链上下游的中小企业，以配合企业长期战略。

力，在人工智能等未来产业的发展初期，天使投资人在决策过程中相对灵活，能够迅速对有潜力的人工智能项目进行投资，可以更快地响应市场变化和创新机会。同时，部分天使投资人具有长期投资的理念，不仅关注短期的财务回报，更看重企业的长期发展潜力，能够长期陪伴人工智能企业成长，直到实现技术突破和商业应用，创造新兴创新组织的群体文化。例如，OpenAI 的早期出资人萨姆·奥尔特曼、彼得·蒂尔、里德·霍夫曼和埃隆·马斯克等，为这个组织奠定了颠覆性创新和不断探索前沿科技的创新文化，这种文化延续至今，支持了 OpenAI 的持续创新。

（2）创业投资是人工智能产业最主要的金融支持手段

从全球范围来看，创业投资是人工智能产业的重要金融支持工具，不仅为人工智能初创企业提供了资金支持，还推动了创业者与科研机构、高校等各方建立紧密的合作关系，共同推动技术创新和产业发展，促进了创新生态系统的形成。

数据显示，2022 年美国人工智能领域的创业投资达到 257 亿美元，较 2021 年增长 38%，占全美 VC 总投资额的 19.4%（约 257 亿美元/1320 亿美元），成为仅次于软件和硬件的第三大投资领域。2023 年美国人工智能领域的创业投资额达到 320 亿美元，同比增长 28%。预计 2024 年，美国人工智能领域创业投资将进一步增长（表 9-12）。

从全球范围来看，中国受相关政策及国内外环境因素影响，2022 年人工智能领域的创业投资额为 98 亿美元，同比下降 12%，2023 年同比进一步下降 15%，2024 年或进一步放缓。欧洲方面，2022 年人工智能领域的创业投资为 32 亿美元，同比增长 25%；2023 年，《数字罗盘》计划投入 300 亿欧元支持 AI，2024 年欧洲人工智能领域的创业投资额或增长至 50 亿美元，同比增长 50%。

表 9-12　2024 年美国人工智能产业创业投资预测

指标	预测区间	核心依据
美国 AI VC 总额	400 亿～ 450 亿美元	2023 年增速 28%＋，生成式 AI 持续爆发
占全美 VC 比例	25%～ 30%	AI 成科技投资核心赛道，软件 / 硬件占比被稀释
细分领域亮点		
生成式 AI 工具 / 平台	150 亿～ 180 亿美元	GPT-4、DALL·E 3 等推动生产力工具革命
AI for Science（医药 / 材料）	60 亿～ 80 亿美元	AlphaFold3、BioNeMo 等加速科研突破
AI 芯片 / 边缘计算	50 亿～ 70 亿美元	英伟达 H200、AMD MI300X 竞争加剧

资料来源：根据 PitchBook、Crunchbase 报告整理。

（3）CVC 是大模型产业发展不可或缺的力量

企业风险投资能够在推动技术创新、促进战略转型、增强企业竞争力等方面发挥重要的战略性作用。通过与被投资企业的合作，可以共同开展技术研发项目，整合双方的技术优势，实现技术创新的协同效应；与被投资企业建立战略合作伙伴关系，共享资源，实现互利共赢。例如，微软、亚马逊都设立了 CVC，微软的 CVC 是 OpenAI 的最大投资者，拥有 49% 股份，OpenAI 与微软的合作使得其能够利用 Azure 云计算资源来训练和开发 AI 模型。反观世界其他国家，特别是我国，也能发现类似的规律。从我国的情况来看，企业风险投资对大模型发展也起到了多方面的重要作用，典型案例如表 9-13 所示。

表 9-13 部分 CVC 典型案例

典型案例	案例阐述
美团、蚂蚁、阿里巴巴、腾讯、小米、金山等 CVC 投资智谱 AI	2023 年 10 月，智谱 AI 宣布完成超 25 亿元融资，投资方汇聚了社保基金中关村自主创新专项基金（君联资本为基金管理人）、美团、蚂蚁、阿里巴巴、腾讯、小米、金山、顺为、BOSS 直聘、好未来、红杉、高瓴等一线明星机构。这样的巨额资金支持使得智谱 AI 能够持续投入到大模型的研发和优化中，加速技术的迭代，在短时间内完成多次基座大模型的升级，提升模型的性能和表现，使其成为国内"百模大战"中估值最高的明星大模型公司之一
联想投资 AI 硬件公司	联想创投作为 CVC，一直发挥联想集团的产业资源优势，推进科技成果产业化。其投资的许多人工智能公司已经与联想业务部门达成合作，服务海外客户，营业额和利润增长特别快。对于大模型而言，CVC 可以利用自身企业的产业平台和市场渠道，帮助大模型技术更快地找到合适的应用场景，实现商业化落地。例如，将大模型应用于联想集团的智能客服、智能办公等业务领域，通过实际应用的反馈不断优化模型，同时也为大模型的进一步发展拓展了市场空间，推动大模型技术与产业的深度融合，加速产业智能化升级的进程
字节跳动 CVC 投资多项大模型项目	字节跳动等公司通过对大模型相关项目的投入，汇聚了大量来自全球的顶尖人工智能科学家、工程师和研究人员。让这些人才在项目中得到锻炼和成长，不仅提升了其专业能力，也为大模型领域培养了一批高素质的专业人才。同时，CVC 还可以促进人才在不同企业和项目之间的交流与合作，例如组织技术研讨会、人才交流活动等，让人才能够分享经验和见解，激发创新灵感，进一步推动大模型技术的发展和创新

（4）公益捐赠在人工智能产业创新发展过程中扮演重要角色

公益捐赠虽然在资金规模上可能不如天使投资，但它在人工智能等未来产业的发展中也具有独特的价值。公益捐赠可以用于支持人工智能的基础研究、人才培养、科普和国际合作，为产业的长期发展奠定基础。OpenAI 在成立初期就得到了大量的公益捐赠资金，这些资金为其开展人工智能的前沿研究和技术开发提供了坚实基础。The Giving Pledge 等公益捐赠组织的支持使得 OpenAI 能够进行长期的、高风险的研发项目。

（5）非营利企业上市等资本市场的包容性机制设定对人工智能产业发展非常关键

非营利企业往往难以通过传统的融资渠道获得足够资金，资本市场包容性机制允许非营利企业以上市等方式融资，为这些企业提供了重要的资金来源，缓解了资金压力。例如，领先的生成式人工智能套件软件提供商 C3.ai 于 2020 年 12 月在纽交所上市，上市首日收涨超 120%；人工智能基础设施类独角兽企业 Astera Labs 于 2024 年 3 月在纳斯达克上市，上市首日股价暴涨 72%，市值达 95 亿美元，上述公司上市时均尚未实现盈利。

八、需求侧：量子信息产业的金融支持

量子信息技术将为金融、医疗、能源、网络安全等众多领域带来颠覆性变革，具有巨大的商业价值和应用前景。随着量子信息各技术路线的整机实现、软件开发、应用探索等研发工作的逐步推进，量子生态已初具规模。

从企业国家分布看，美国共有 158 家量子信息相关企业，全球占比超过 1/4[①]，美国在量子科技各个应用领域均处于或接近世界前沿。根据 2022 年兰德公司（RAND）发布的《美中量子技术产业基础评估》报告，与其他国家相比，美国在生产能力、供应链、商业融资和技术能力方面不存在任何关键差距或直接漏洞。其中，谷歌、IBM、英特尔等科技企业已成为量子计算领域的业界标杆，IonQ、Quantinuum、PsiQuantum、AOSense 等初创企业创新驱动能力突出，在量子信息技术产业中拥有较为明显的先发优势。中国量子信息相关企业共有 103 家，但科技企业在投入推动力度、供应链企业支撑保障能力及初创企业创新成果等方面与美国还有一定差距。中国量子通信和量子精密测量处于世界领先地位，量子计算加速追赶。中国私营企业量子技术研发支出总额只有 4400 万美元，仅占美国私营量子产业资金总额 14 亿美元的 3%。全球量子信息领域企业数量较多的国家还有加拿大、英国、德国、法国、日本、荷兰等，在未来技术产业发展中也拥有较强竞争力。

1. 典型案例分析

以美国为例，在财政支持方面，美国政府通过多种方式持续增加在量子信息科学领域的财政投入，旨在推动量子技术的发展和应用。2018 年，美国发布《国家量子倡议法案》（NQI），并于 2023 年将其补充到总统财年预算中，持续对 NQI 项目投资。根据该法案，十年内美国还将在量子技术上投入超过 12 亿美元。2019 年，美国白宫更新了《国家人工智能研究和发展战略计划》，旨在通过政府投

---

① 数据来源：《量子信息技术发展与应用研究报告（2023）》。

资深化对人工智能的认识和研究，以确保美国在这一领域的领先地位。该计划由奥巴马政府于 2016 年制定。同年，美国能源部宣布在 5 年内投资 6.25 亿美元建立 5 个量子信息科学研究中心。2020 年 2 月，在联邦研发预算整体增幅不大的情况下，特朗普建议削减其他关键领域的联邦研究经费，大幅度增加各部门在人工智能和量子信息科学方面的投资，为维持全球领先地位，在人工智能和量子信息科技上又一次加码。2020 年 7 月，美国能源部公布了《国家量子倡议法案》报告，该报告"规划了美国量子互联网发展的战略蓝图，提出要确保美国处于全球量子竞赛的前列，引领通信新时代"。2020 年 8 月，美国白宫、美国国家科学基金会（NSF）和美国能源部（DOE）宣布投入超过 10 亿美元建立 12 家新的 AI 和 QIS 研发机构。2021 年，美国政府在量子计算方面的预算议案比 2020 年实际投入高出 30% 左右，比此前制定的 2020 年预算更是高出了 56%。2022 年，美国参议院多数党领袖舒默争取了 2500 万美元的拨款，以支持美国光量子计算公司 PsiQuantum 开发下一代量子计算机，使其超越目前最先进的计算机系统。2020 年，美国政府拨款 4.8 万亿美元用于人工智能和量子计算等发展，这些资助将会把更多的资金用于美国国防部和国家科学基金会的人工智能研究。

在金融支持方面，创投基金是支持量子产业发展的关键金融因素。从美国情况来看，SandboxAQ、PsiQuantum、Photonic 等 28 家量子通信或量子计算企业在 2019—2023 年完成了融资，SandboxAQ 在 2022 年完成了单笔超过 5 亿美元来自创业投资机构的基金投资[①]。

---

① 该融资为 SandboxAQ 公司从 Alphabet 独立后获得。

Photonic 在 2021 年获得公司型创业投资（CVC）的 2.8 亿美金的投资。

在资本市场方面，量子技术的研究和开发需要大量的资金投入。美国出台了相关政策支持量子科技企业融资和上市。2019—2022 年，Zapata、IonQ、D-Wave、Rigetti 和 Arqit 等量子企业均是通过 SPAC（特殊目的收购公司）等模式上市的。

2. 经验启示

量子信息产业的发展需要多种金融工具的协同支持。股权融资、债权融资、政府支持和金融创新工具等可以相互补充，为量子信息企业提供全方位的资金支持和服务。

（1）财政支持是量子信息产业发展的重要保障

量子信息产业是一个技术高度密集型的领域，需要大量的基础研究投入。从各国实践来看，政府可以出资建设国家级的量子计算中心，为企业和科研机构提供计算资源和技术服务，促进量子计算技术的应用和发展。财政与金融协同支持可以充分发挥财政资金的引导作用和金融资金的放大作用，提高资金使用效率。财政资金可以用于支持基础研究、基础设施建设和人才培养等方面，为产业发展提供基础保障；金融资金可以用于支持企业的技术研发、产品生产和市场推广等方面，为产业发展提供资金支持。通过财政与金融的协同支持，可以实现资金的优化配置，提高资金使用效率。

（2）与人工智能类似，创业投资是量子信息企业重要的资金来源

创业投资机构通常具有较强的风险承受能力，愿意为具有高潜力的量子信息项目提供资金支持。2018—2023 年，全球量子计算领域的融资总额突破了 60 亿美元。根据预测，2023—2027 年，全球量子计算市场的投资将以 11.5% 的复合年增长率保持增长，到 2027

年底，量子计算市场的投资将增长到 164 亿美元。

（3）债券融资是量子信息产业筹集资金的重要方式

对于一些规模较大、信用较好的量子信息企业来说，发行公司债券、企业债券等能够筹集大规模、低成本的资金。债券融资的优点是融资成本相对较低，资金使用期限较长，同时，债券发行可以提高企业的知名度和信誉度。目前，SandboxAQ 已经发行超过 2.8 亿美元的债券，国内企业（如国盾量子）也发行了企业债券，吸引了众多投资者的关注，为企业筹集了大量资金，用于技术研发和市场拓展。

（4）资本市场的模式创新为量子产业带来大量资金

在资本市场方面，量子技术的研究和开发需要大量的资金投入。资本市场可以为量子企业提供融资渠道，帮助企业筹集到足够的资金来支持其研发、生产、市场推广等活动，加速技术的创新和产品的商业化进程。

九、需求侧：生物医药产业的金融支持

生物医药产业是典型的知识密集型产业，具有人才密度大、研发周期长、资本投入大的特征，需要政府强力支持、多元投资、多创新主体有机合作。全球单品种生物新药研发成本约为 26 亿美元，平均耗时 10 年，成功率仅有 6.2%[①]。研发的不同阶段资金来源不尽相同，临床前研发初期的资本来源主要是科研经费、政府基金或非

---

① WONG C H，SIAH K W，LO A W. Estimation of clinical trial success rates and related parameters[J]. Biostatistics，2019，20（2）：273-286.

营利性基金；当项目进入临床研究阶段，各类天使投资、企业股权投资基金[①]、VC/PE 基金成为生物医药研发的主要资金来源。

美国是现代生物技术的发源地，多种新型生物药物均首创于美国。1976 年 4 月 7 日，在南旧金山成立的基因泰克标志着现代生物技术产业的开端。目前，美国在世界上形成了明显的代际优势，掌握了最先进的生物技术，拥有全球最多的生物技术专利、最顶尖的生物医药研发企业及机构。

1. 典型案例分析

生物医药产业是美国重点发展的战略性新兴产业之一，也是以研发创新为核心驱动力的高新技术产业。从 2023 年美国生物医药研发投入结构来看，生物医药企业自身研发投入占比达 61%，其次是美国国立卫生研究院（NIH）占据 27% 的份额。生物医药企业自身研发投入中仅有 12.5% 的资金来源于创始团队自筹，87.5% 的资金来源于创业投资和资本市场[②]。美国生物产业的金融支持机制典型做法如下：

（1）多部门协同，为医药研发全周期提供强有力的政策支持

美国政府在生物医药发展战略中提出了发展的思路，界定了政策对经济领域的干涉程度，规划了生物医药产业分时期、分步骤扩张的前景。

一是出台法案为生物医药产业发展提供基本制度保障。在国家层面，联邦政府持续制定国家生物安全战略。美国历来高度重视

---

① 辉瑞、强生等大型跨国药企均建立了针对早期研发项目的基金，试图尽早参与和掌控新技术。

② 数据来源：美国药品研究和制造商协会，https：//www.phrma.org/。

生物医药产业发展，奥巴马政府、特朗普政府、拜登政府先后制定了《国家生物防御战略》《国家卫生安全战略 2019—2022》《全球卫生安全战略》等战略，推动全美生物医药产业创新发展。在州政府层面，各州政府提出本州生物医药产业的近期和远期目标，从发展所需的各个方面为医药研究机构、企业和组织利用政府资源提供保障。截至 2019 年底，美国有 15 个州制定了生物医药专项发展战略，8 个州制定了重点发展生物科学科技或经济发展战略[1]。生物技术产业协会对这些战略的制定也起了重要的作用。美国政府还出台了《州政府生物技术议案》，该议案囊括了美国所有州政府的生物技术工业发展战略。

二是建立体系化的生物医药创新支持机制。在机构管理层面，在国家层面成立内阁级的生物防御指导委员会，主席由卫生与公众服务部部长担任，与生物防御相关的机构负责人也加入生物防御指导委员会，协调各部门共同解决生物威胁问题。美国白宫、国会均设有专门的生物技术委员会来跟踪生物技术的发展，研究制定相应的财政预算、管理法规和税收政策。在制度法规层面，美国通过研究制定相应的法律法规、财政预算、管理法规、税收政策等，不断加强生物技术研究、鼓励发明创新和促进生物技术转移等。

三是保障充足的财政科技投入。NIH 是国际上规模最大、最具影响力的生物医学研究机构[2]。美国国会每年拨付给 NIH 的经费通常占美国政府科研总投入的 60% 左右，使得 NIH 可以作为国际上最大

---

[1] 胡鸢雷，姚卫浩，濮润，等 . 美国创新创业生态系统中生物技术孵化器的作用 [J]. 中国生物工程杂志，2019，39（12）：7-18.

[2] NIH 下设 27 个研究所 / 中心，分别涉及人类各种生理活动和相关疾病的研究。

的生物医学基金资助机构去资助美国境内的各个大学和科研机构相关的研究项目。以近年的热点方向——肿瘤疫苗为例，检索 NIH 项目数据库发现，1995—2022 年 NIH 共资助肿瘤疫苗研究项目 4985 项，资助总额为 19.2 亿美元，单项项目平均资助额为 38.5 万美元；其中，2022 年肿瘤疫苗资助金额达到 1.58 亿美元，创了新高。从关键词看，资助项目主要集中在疫苗免疫机制、肿瘤靶点筛选、癌症微环境、疫苗构建和工艺等理论基础方面。甲型 H1N1 流感病毒进入美国后，美国政府立即拨款 10 亿美元，用于支持相关疫苗研发和充实国家疫苗储备库，并对疫苗企业进行直接奖补，用于资助企业进行人体安全和有效性试验等。

四是对研发外包模式予以政策支持。随着全球制药企业研发投资成本加大，研发周期变长，研发成功率降低，作为社会分工专业化的产物，委托研究机构（contract research organization，CRO）凭借其低成本、高效率、提供服务多样的特点，快速发展[1]。在美国，一个典型新药申请至少需要 4000 例临床试验，有时需要进行多达 50 项不同的试验[2]。为了提升生物制药公司的效率，美国政府出台政策支持生物技术和制药公司整合外部资源进行药物开发，即把新药上市前的一部分工作（现在主要是新药上市前的临床督导工作）外包给专业的 CRO 运作，以加快新药的上市速度，节省资源。研发外包与研发业务离岸外包是美国生物医药产业创新重要的运行模式。与 CRO 共同开发新药已成为美国生物医药企业新药研发的战略

---

① 孙建. 医药 CRO 专题报告：蓝海市场，强者恒强 [J]. 药学进展，2016，40（2）：106-117.

② 曼鹿. 新药研发，借力 CRO[J]. 医药世界，2005（6）：2-9.

性环节，全美约 20% 生物医药研发开支用于研发外包业务，培育了昆泰、精鼎医药、PPD 等一批世界顶尖的 CRO。

（2）通过创业投资和资本市场为医药企业发展保驾护航

美国生物医药产业的创新发展依赖于跨国公司主导下的实验室技术与资本市场的高度结合模式。2021 年，波士顿地方政府联合大型生物医药企业设立了 50 亿美元的生物医药投资基金。斯坦福大学、加州大学、哈佛大学、麻省理工学院、新英格兰医学中心、美国国立卫生研究院、霍华德·休斯医学院研究所、马里兰大学、约翰·霍普金斯大学等机构都与硅谷、波士顿、纽约等地的风险资本建立了紧密合作关系。CVC 和并购基金在美国也很受重视。2008—2015 年，辉瑞设立了 20 亿美元的 CVC 基金，用于投资和并购产业链上下游相关企业，2008 年辉瑞并购惠氏，成为其发展历史上的重要里程碑。

（3）创新科技保险机制

以疫苗研发为例，1986 年，美国出台了具有里程碑意义的《国家儿童疫苗伤害法案》（简称《法案》），要求出售每支疫苗须缴纳 0.75 美元税收，据此设立了疫苗信托基金。当出现疫苗伤害时，美国联邦法院卫生和公众服务部可使用疫苗信托基金进行代偿（最高赔偿额度可达 25 万美元）[1]，此举减少了疫苗生产商承担的风险，有效激励了疫苗研发和生产商的积极性。

（4）善用公益基金会支持生物医药研发

各类基金会在美国的生物医药研发进程中发挥着重要作用，显

---

[1] 简介美国的疫苗损害国家赔偿计划（1）[EB/OL].（2022-07-24）[2024-10-10]. https：//wap.sciencenet.cn/blog-347754-1348595.html.

示出较强的资源动员能力和较快的支持响应速度。2000—2009 年，比尔及梅琳达·盖茨基金会联手默沙东制药基金会出资 1 亿美元，并与非洲博茨瓦纳政府和国际医疗慈善机构开展了合作。2020 年，比尔及梅琳达·盖茨基金会针对新型冠状病毒斥资数十亿美元建立了新工厂，用于研发和生产 7 种对预防新型冠状病毒有效的疫苗。

2. 经验启示

从美国及全球其他国家案例来看，生物医药产业的发展高度依赖金融支持，主要启示如下：

（1）创业投资在推动生物医药产业发展中发挥重要作用

2023 年，全球生物医药产业共发生 2569 起融资事件，融资总额创历史新高，达 963 亿美元（表 9-14）。其中，中国生物医药领域融资案例共 856 起，融资金额约 1962.18 亿元。

表 9-14　2014—2023 年全球生物医药产业创业投资总额及融资事件

年份	融资总额 / 亿元	融资事件数 / 件
2014	880	1086
2015	1312	1637
2016	1543	1951
2017	2328	1972
2018	3557	2583
2019	3663	2226
2020	5169	2199
2021	6102	2128
2022	6398	2397
2023	7039	2569

资料来源：CB Insights。

（2）大型生物制药企业越来越成为助推新兴生物技术实现规模产业化的重要力量

大型药企对前沿技术路线的布局较为敏感，具有较强的投资能力，且具有长期投入的能力，通过设立并购基金等形式进行资产或者公司收购是近年来全球医药研发金融生态中的重要一环（图 9–13）。

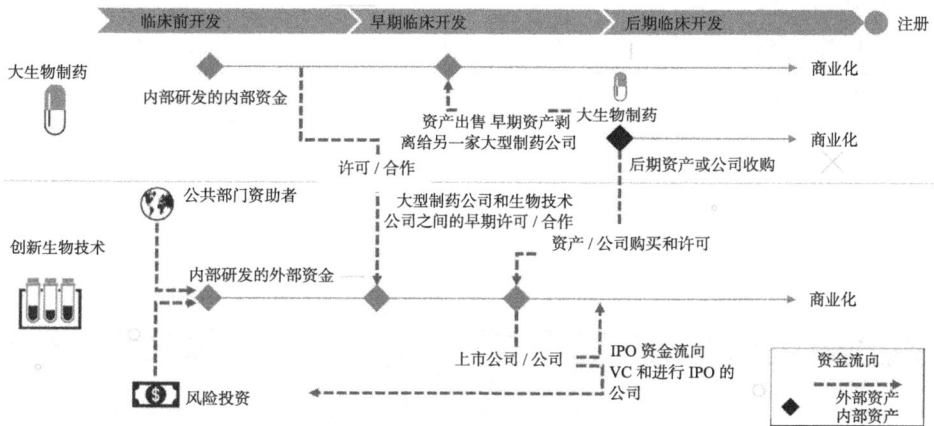

图 9–13　大型生物医药企业投资新兴生物技术示意

（3）各种金融工具的有序搭配和良性协同有利于构建强有力的医药研发金融生态

全球单品种生物新药研发成本约为 26 亿美元，平均耗时 10 年，成功率仅有 6.2%[①]。不同研发阶段的资金来源不尽相同，经费呈现出"两头大、中间小"的特征（表 9–15、图 9–14）。

_____

① WONG C H，SIAH K W，LO A W. Estimation of clinical trial success rates and related parameters[J]. Biostatistics，2019，20（2）：273-286.

表 9-15　新药研发各阶段研发投入分布及其资本来源

药物研发阶段	研发投入分布	主要资本来源
临床前阶段	23.8%	科研经费、政府基金或非营利性基金
临床Ⅰ期	7.7%	种子基金或天使投资人
临床Ⅱ期	11.6%	VC 机构
临床Ⅲ期	32.1%	大型跨国药企
药品申报	7.7%	大型 PE 机构
临床四期	13.7%	
其他未分类研发支出	3.4%	—

资料来源：PhRMA。

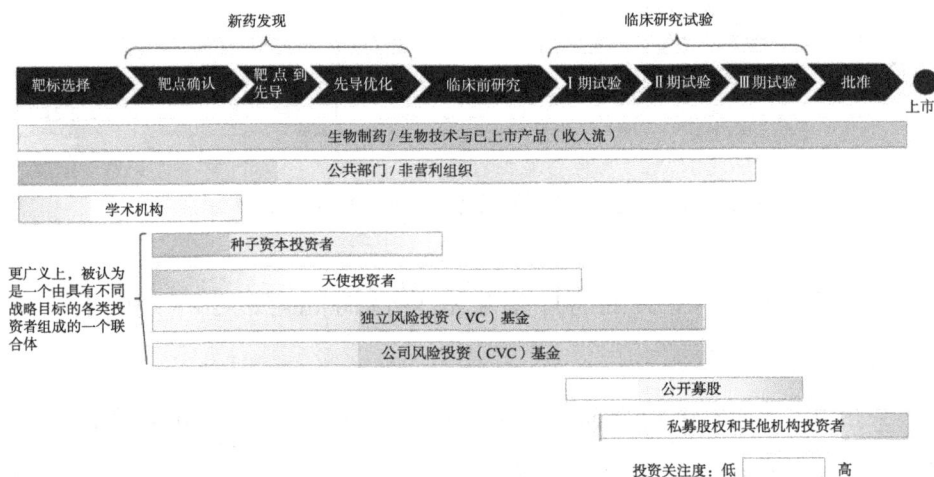

图 9-14　金融工具有序搭配构成医药研发金融生态

（4）公私合作模式是推动生物医药产业发展的重要力量

美国在疫苗研发领域推广了公私合作模式（public private partnership，PPP），政府资本和社会资本建立起风险共担、利益共享的合作伙伴关系，共同投入研发项目。例如，美国国防部国防高级研究计划局（DARPA）生物技术办公室（BTO）实施了多项疫苗PPP 项目。其中，ADEPT 项目（"支持预防和治疗的自动诊断"项目）于 2012 年设立，总投入超过 2.9 亿美元。2013 年莫德纳公司（Moderna）获得该项目资助 2500 万美元，双方基于 PPP 合作模式开展了传染病 mRNA 疫苗的早期研发，政府早期投资和公司伙伴关系的积极作用在 mRNA 新型新冠疫苗的研发中展露无遗，助力了 mRNA 疫苗诞生。DARPA 致力于投资基础研究和技术应用的早期阶段，当技术进入应用的中后期，则由其他机构进行投资。随着相关技术逐步成熟，多家政府机构和企业开始投资莫德纳，促进mRNA 疫苗和药物逐步进入市场。

下 篇

政策篇

第十章

总体思路

总的来讲，我国目前的金融体系并非缺乏某种特定的金融安排，而是现有的结构未能适应实体经济的结构。金融支持科技创新是金融服务实体经济的关键抓手。要以习近平新时代中国特色社会主义思想为指导，全面贯彻落实党的二十大和二十届二中、三中全会精神，深入贯彻中央金融工作会议精神、全国科技大会精神，完整、准确、全面贯彻新发展理念，统筹高质量发展和高水平安全，自觉把科技金融改革融入全面深化改革大局中谋划推动，坚定不移走好中国特色金融发展道路。

要以科技创新为核心，打通金融资本向新质生产力高效配置的堵点，推动"科技—产业—金融"良性循环，构建具有强适应性、高竞争性、广普惠性的现代科技金融体系，深入开展科技金融能力提升工程，为培育发展新质生产力提供坚实的金融支撑。

一、总体目标

到 2035 年，针对科技型企业全生命周期的金融服务进一步增强，对研发活动和科技成果转移转化的资金和保险保障水平明显提升，科技金融风险分担机制持续优化，支持科技创新成果形成新质生产力的能力显著提高，"科技—产业—金融"的良性循环更加畅通。

二、基本原则

一是坚持创新驱动，多元融合。夯实企业创新主体地位，支持企业主体做强做优，把握技术改造和高质量发展的趋势，不断提升企业技术创新能力，加快科技成果资本化，强化资本对科创的虹吸效应。以科技要素为主线，大力推动高效、合规、稳健、可持续的金融创新，促进金融资本与科技创新的结合，强化金融服务高新技术产业的效果，实现科技金融要素、主体、功能、环境的深度融合。

二是坚持市场主导，政府引导。不断完善有利于科技金融创新与发展的体制机制，更好发挥政府引导作用，发挥市场在资源配置中的决定性作用。培育科技金融的市场化内生动力，促使各类科技金融服务主体面向高新技术领域需求精准创新，着力整合多样化的金融功能，把金融资源作为驱动产业技术进步的"催化剂"。政府部门注重完善规则、搭建平台、畅通渠道、引导预期，助力产业链各方良性互动，构建多层次的科技金融创新应用场景。

三是坚持统筹全局，重点推进。协调统筹系统性战略布局，着眼科技金融的服务重点、主要任务和保障措施，实现创新资源和要素有效汇聚，打破创新主体间的障碍，充分释放人才、资本、信息、技术等创新要素活力，为实现协同创新奠定基础。重点支持国家重大科技项目和关键核心技术的融资需求。重点打造科技金融创新的空间类、平台类载体，完善科技金融基础设施。

第十一章

完善我国科技金融体系的重点方向与具体路径

研究认为，"十五五"时期，我国科技金融发展的重点方向应该围绕国家战略科技力量构建、科技金融体制改革和金融数字化转型三大核心目标展开，具体可细化为六大方向。

一、强化系统设计，构建协同工作体系

强化顶层设计和系统谋划，由中央科技委统筹科技金融工作，中国人民银行、科技部牵头，会同国家发展改革委、财政部、国务院国资委、金融监管总局、中国证监会等部门建立部际科技金融统筹协调机制。加强与金融管理部门协调联动，建立部行（局、会）合作机制；形成联动工作机制、监督落实机制。

研究面向未来 5 年乃至 10 年的科技金融发展顶层设计文件，形成工作联动机制和监督落实机制，开展政策取向一致性审查评估。

二、围绕重大需求，精准支持科技创新重点领域

围绕科技自立自强目标，加快培育壮大新兴产业，布局建设未来产业，凝练重点领域科技金融需求，加大对国家科技重大项目和关键核心技术攻关的金融支持。开展国家科技重大项目、国家实验室科技金融支持试点，引导更多资金投向"大科技"，形成科技创新与产业升级协同发展的格局。

发挥新型举国体制作用，推动国家科技重大项目多元化投入机制创新，建立"银行信贷＋创投基金＋科技保险＋企业债券＋资本市场"一体化金融服务新机制。

加快推进设立"国家创业投资引导基金"，着力在科技创新前沿领域、国家科技重大项目和科技成果转化方面设立专业化子基金。优化部门科创类基金布局，围绕国家重大科技任务构建中央层面创投基金体系，打造科创类创投基金"国家队"。

国家开发银行等政策性银行、工商银行等大型国有商业银行，联动债券、保险等金融渠道，破除政策壁垒，构建融资协同机制，力争 5 年内为国家重大科技任务提供不低于 2 万亿元的金融支持。

支持具有关键核心技术、市场潜力大、科创属性突出的优质未盈利企业在科创板上市，开通科技领军企业、独角兽企业 IPO 绿色通道。

健全重大科技攻关风险分散机制，组建科技保险共同体，发展普惠型科技中小企业保险产品。引导保险资金为国家科技重大任务实施、科技创新平台基地建设和创业投资发展提供支持。

三、深化科技金融改革，构建同科技创新相适应的科技金融体制

充分发挥财政资金对科技创新活动的引导、担保、分担风险的功能。加强金融机构、风险补偿基金、担保机构等各方合作，建立合理的风险分担机制，为科技型企业提供全生命周期服务。

改革政府引导基金考核管理办法，建立容错机制，放宽返投比例、准入门槛、注册地要求、出资比例等限制，引导优质基金管理人参与政府引导基金。加强对中央层面的科技类政府引导基金的整合，提高运作效率。

建立健全国有创投机构容错免责机制，探索按照整个基金生命周期进行考核的管理制度，更好地发挥投早、投小、投长期、投硬科技的关键作用。

加快直接融资体系建设，着力打通各种束缚创投发展的制度堵点，推动各类长期资金进入市场，扩大金融资产投资公司（AIC）股权投资试点范围；支持保险资金、社保基金等长期资本进入创投领域，更好发挥创业投资基金支持关键核心技术攻关和未来产业领域发展的重要作用。

鼓励符合条件的创业投资机构发行债务融资工具、公司债券。发展创业投资二级市场基金，扩大私募股权份额转让试点。加大创投行业税收优惠力度。

强化科技政策性贷款，常态化实施科技创新再贷款，扩大科技创新和技术改造再贷款规模，将国家开发银行科技创新专项贷款纳入再贷款实施范围。

优化间接融资体系，用好结构性货币政策工具。引导政策性金融机构加大对科技创新重点领域的支持力度。

在依法合规、风险可控、商业自愿前提下，支持商业银行具有投资功能的子公司、保险机构、信托公司等出资创业投资基金等，为科技企业发展提供股权融资。在绩效考核、尽职免责、政策激励等方面做出适当配套安排，支持金融机构打通业务堵点。

在国家融资担保基金和省级再担保机构中增加对科技企业担保的政策导向，优化绩效考核指标和担保业务流程，加大为科技企业融资担保业务提供再担保的力度，落实银担分险比例要求。

加强资本市场基础制度建设，推动以信息披露为核心的注册制改革，完善退市制度，建立与国际接轨的运营体系。充分发挥北交所改革试验田作用，探索形成资本市场服务科技型中小企业的新模式。

加快多层次债券市场发展，扩大科技创新债券发行规模。高标准建设北交所政府债券市场，支持北交所推进信用债市场建设。提升创业板服务成长型创新创业企业功能，大幅降低对创新板块的政策干预。

鼓励保险公司对区内分支机构科技保险业务实行单独运营、单独管理、单独核算、单独考核机制。支持开展首台（套）重大技术装备保险试点和新材料首批次应用保险试点，完善《首台（套）重大技术装备推广应用指导目录》，扩大保险标的范围。

四、强化系统创新能力，大幅提升金融机构专业化服务能力

探索符合我国国情的科技金融新模式。鼓励商业银行设立科技金融事业部、科技支行、科技金融专营机构等，探索差别化的管理模式。

鼓励银行机构结合科技企业发展阶段特点、金融需求和风险特征，构建适应科技型企业轻资产特点的信贷产品。鼓励保险机构完善科技保险产品体系，形成覆盖科技企业研发、生产、销售等各环节的保险保障。

积极推进金融科技赋能。引导金融机构与科创企业、征信机构、信用评级机构，利用大数据、人工智能等技术，建立符合科创企业特征的信用评分、内部信用评级和风险防控模型。支持开展高水平数字化新基建，提供跨行业、跨地区基础资源共享。

聚合科技型企业知识产权、创新积分、研发投入、招投标、投融资等深层次信息，探索应用隐私计算等技术，以"可用不可见"的匿名数据向金融业开放，提升金融服务科技型企业的效率和水平。

五、加强区域引导示范，夯实科技金融的制度基础

重点支持科技金融创新政策在北京、上海、粤港澳大湾区国际科技创新中心和武汉、西安、成渝区域科技创新中心先行先试。加强对北京市中关村、济南市和"长三角"地区等5个国家科创金融改革试验区的指导。以更高标准推动重点地区做好科技金融服务。

加快推进科技金融试点区域探索。支持有条件的地区设立科创金融改革试验区，稳步开展科技金融试点工作。充分发挥科技金融试点区域、科创金融合作示范区等区域性试点的带动辐射作用。加大各具特色的探索实践力度，形成辐射全国、上下协同的联动效应。

整合科技创新资源信息，创新服务模式。加快建设科技项目管理、科技企业、技术交易市场等信息共享平台，通过安全可控的信息化手段，为相关机构设立查阅和共享权限，开放知识产权基础数据和技术交易数据。鼓励开展科技创新领域融资对接服务。

完善科技金融中介服务体系建设。加快知识产权融资服务体系，建立健全知识产权价值评估和质押管理工作。开展银行知识产权质押融资内部评估试点。支持依托依法设立的交易场所开展知识产权收储交易。

完善科技金融的认定标准和统计评估方法。建立科技型企业信贷、债券、股权等融资全口径统计体系，对科技企业融资进行精准统计。

六、加快构建高水平开放的金融市场，完善科技金融生态环境

在全国范围推广跨境融资便利化政策，为科技类投资的跨境资金开辟绿色通道，支持科技型企业开展境外上市、发债、并购等业务。

扩大股权私募基金跨境投资试点范围，优化 QFLP（合格境外有限合伙人）资金募集、汇兑及投资管理，规范 QDLP（合格境内有

限合伙人）投资运作管理等。

加快建设离岸科技创新示范基地、新技术应用场景和实验平台，设立面向全球的科学研究基金。推动跨国科技企业开展跨境资金集中运营业务，不断提升境内外资金使用效率。

培养科技、产业、金融复合型人才。培育更多专注硬科技领域的投资人和产品经理；培养更多能洞察和总结产业经验，并将其转化为模型算法的高技能人才和团队。激励社会资本投入未来产业教育，构建产教融合支撑体系，重构课程体系，编撰适合培养复合型人才的系列教材。

注重引进和培养科技、产业、金融复合型人才，重点关注数据治理、架构设计、模型算法、大数据、人工智能、网络安全等专业领域。

附 录

我国科技金融大事记

1982 年

·"国家科技攻关计划"启动，确立财政科技拨款在科技金融体系中的核心地位，成为中国科技金融发展的重要里程碑。

1983 年

·国家科委将部分科技拨款改为委托银行贷款，探索科技金融市场化路径。

1985 年

·中共中央发布《中共中央关于科学技术体制改革的决定》，首次提出设立创业投资、开办科技贷款，标志着中国科技金融的正式起步。

·中国新技术创业投资公司（中创公司）成立，成为境内首家创业投资机构。

1987 年

·上海启动银行业联机实时处理试点，为后续金融信息化奠定基础。

1990 年

·上海证券交易所成立，成为中国金融市场的重要枢纽，推动科技企业通过资本市场融资。

1996 年

·科技部首次组织发行高新区企业债券（3 亿元），开辟高新区直接融资渠道。

1999 年

·国务院办公厅转发科技部等部门《关于建立风险投资机制的若干意见》，明确风险投资对科技型中小企业的支持作用，推动市场化资本进入科创领域。

·中关村创业投资引导基金设立，为国内首只政府引导基金。

2002 年

·首部《中国创业风险投资发展报告 2002》正式出版。

2003 年

·支付宝诞生，开创第三方担保交易模式，标志着中国数字支付时代的开端。

2005 年

·《创业投资企业管理暂行办法》出台，明确政府可设立创业投资引导基金，推动市场化创投发展。

·网络信贷雏形出现，依托互联网和大数据技术，探索普惠金融服务。

2006 年

·《国家中长期科学和技术发展规划纲要（2006—2020 年）》发布，科技金融进入系统化建设阶段，国家开发银行与科技部签署 500 亿元合作协议支持自主创新。

2008 年

·区块链技术引发全球金融创新浪潮；中国银联联合商业银行推出信用卡，推动支付工具升级。

2009 年

·深圳证券交易所创业板于 2009 年正式开板，为科技型中小企业提供直接融资渠道。

2010 年

·中国银监会、中国证监会、中国保监会等联合印发《关于印发促进科技和金融结合试点实施方案的通知》，推动科技信贷、风险投资、科技保险等工具创新。

2011 年

·科技部、财政部、中国人民银行等八部委联合印发《关于促进科技和金融结合加快实施自主创新战略的若干意见》，构建科技金融的顶层政策设计。

·确定中关村国家自主创新示范区、天津市、上海市、江苏省、浙江省"杭温湖甬"地区、安徽省合芜蚌自主创新综合配套改革试验区、武汉市等 16 个地区为首批促进科技和金融结合试点地区。

·中国人民银行首批发放第三方支付牌照（如支付宝、财付通），规范支付行业发展；中国首家众筹平台上线，拓展融资渠道。

2013 年

·余额宝推出，开启互联网理财革命。

·北京银行成立首家直销银行，传统银行加速数字化转型。

2015 年

·中国人民银行等十部委发布《关于促进互联网金融健康发展

的指导意见》，明确行业规范。

· 深圳前海微众银行开业，成为中国首家互联网银行。

2016 年

· 国务院印发《国务院关于促进创业投资持续健康发展的若干意见》，指导创业投资发展。

· 投贷联动试点启动，首批银行机构开展科创企业投贷联动业务，实现股权与债权融资结合。

· 金融稳定理事会（FSB）定义金融科技（FinTech），强调技术驱动的金融创新。

2019 年

· 科创板设立并试点注册制。

· 中国人民银行发布《金融科技发展规划（2019—2021 年）》，推动金融数字化转型。

· 数字人民币试点启动，深圳率先发放红包。

2020 年

· 知识产权证券化快速发展。多地试点发行知识产权资产证券化（ABS）产品，如深圳、北京等地，为科技型企业提供新型融资渠道。

2021 年

· 北京证券交易所揭牌，专注服务科技创新型中小企业，完善多层次资本市场。

· 国家科技成果转化引导基金修订管理办法，强化对基础研究的支持。

·《中华人民共和国个人信息保护法》实施，强化金融数据安全。

2022 年

·第二轮金融科技发展规划（《金融科技发展规划（2022—2025 年）》）发布，提出 "十四五" 数字化转型目标；科创票据、科创债发行规模快速增长。

2023 年

·科技金融被列为中央金融工作会议提出的"五篇大文章"之首，强调服务科技自立自强。

·中国证监会发布《资本市场服务科技企业高水平发展的十六项措施》，优化科创企业融资环境。

2024 年

·国务院办公厅印发《国务院办公厅关于印发〈促进创业投资高质量发展的若干政策措施〉的通知》，促进创业投资高质量发展。

·金融监管总局扩大金融资产投资公司股权投资试点至 18 个城市，签约金额超 3500 亿元。

·中国人民银行创设 5000 亿元科技创新再贷款。

·中国证监会发布"科技十六条"等政策，优化并购重组制度，鼓励集成电路、生物医药等硬科技领域并购整合，推动私募基金"投长期、投硬科技"。

·科创债、科技保险等创新工具加速落地，知识产权证券化试点推进。

我国国家级科技金融重点政策一览

类别	文件名称	发文字号	发文单位	核心内容
综合类	关于印发促进科技和金融结合试点实施方案的通知	国科发财〔2010〕720号	科技部 中国人民银行 中国银监会 中国证监会 中国保监会	（一）优化资源配置与财政投入创新，通过多样化的资助和投资方式，激励金融资本参与科技项目与中小企业融资，建立转化项目库吸引社会投资，扩大投资引导基金并鼓励对科技企业的信贷支持及保险补助，利用税收政策促进自主创新。（二）增强银行对科技型中小企业的信贷支持，借助科技专家库提升贷款评审的专业性，建立科技金融合作试点支行与小额贷款公司，创新金融服务产品，推进知识产权和股权质押贷款，并探索农村科技金融服务新模式。（三）推动企业进入多层次资本市场，促进企业股份制改造和非公开股权转让，利用技术产权交易平台促进融资，支持高新技术企业在不同板块上市和发行债券，增加融资渠道。

续表

类别	文件名称	发文字号	发文单位	核心内容
综合类	关于印发促进科技和金融结合试点实施方案的通知	国科发财〔2010〕720号	科技部 中国人民银行 中国银监会 中国证监会 中国保监会	（四）强化科技保险服务，扩展保险产品种类和服务范围，实施保费补贴政策，鼓励保险资金参与科技项目和基础设施建设，支持首台（套）产品推广及科技人员保障。（五）构建科技金融合作平台，发展中介机构，完善科技成果评估体系，培育科技金融服务机构，集成资源为科技企业提供综合服务。（六）建立科技企业信用体系，推广信用建设经验，开展信用征信、评级，建立信用报告制度，提升企业信用水平。（七）组织多元化的科技金融活动，包括专项主题活动、投融资服务对接及教育培训，论坛对接及促进科技与金融的深度融合与创新发展
	关于确定首批开展科技和金融结合试点地区的通知	国科发财〔2011〕539号	科技部 中国人民银行 中国银监会 中国证监会 中国保监会	确定中关村国家自主创新示范区，天津市，上海市，江苏省，浙江省"杭温湖甬"地区，安徽省合芜蚌自主创新综合实验区，武汉市，长沙高新区，广东省"广佛莞"地区，重庆市，成都高新区，绵阳市，关中—天水经济区（陕西），大连市，青岛市，深圳市等16个地区为首批促进科技和金融结合试点地区

续表

类别	文件名称	发文字号	发文单位	核心内容
综合类	关于促进科技和金融结合加快实施自主创新战略的若干意见	国科发财〔2011〕540号	科技部 财政部 中国人民银行 国务院国资委 税务总局 中国证监会 中国银监会 中国保监会	二、优化科技资源配置，建立科技和金融结合协调机制；三、培育和发展创业投资；四、引导银行业金融机构加大对科技型中小企业的信贷支持；五、大力发展多层次资本市场，扩大直接融资规模；六、积极推动科技保险发展
	深化科技体制改革实施方案	无	中共中央办公厅、国务院办公厅	（十三）壮大创业投资规模，加大对早中期、初创期创新型企业支持力度；（十四）强化资本市场对技术创新的支持，促进创新型企业加速发展
	人民银行 科技部 银监会 证监会 保监会 知识产权局关于大力推进体制机制创新扎实做好科技金融服务的意见	银发〔2014〕9号	中国人民银行 科技部 银监会 证监会 保监会 国家知识产权局	1. 体制机制创新：强调要创新金融组织体系、产品和服务模式，鼓励发展科技银行、科技创业保险、科技创业投资等专业机构，以及探索投贷联动、知识产权质押融资等新型融资方式。2. 加大对科技型企业支持：明确要求银行业金融机构增加对科技型中小企业的信贷投放，优化信贷结构，提供适合科技企业特点的中长期贷款产品，降低融资成本。3. 完善多层次资本市场：支持符合条件的科技企业在多层次资本市场上市融资，包括科创板、创业板等，同时推动债券市场、股权众筹等直接融资渠道的发展

续表

类别	文件名称	发文字号	发文单位	核心内容
综合类	人民银行 科技部 银监会 证监会 保监会 知识产权局关于大力推进体制机制创新 扎实做好科技金融服务的意见	银发〔2014〕9号	中国人民银行 科技部 银监会 证监会 保监会 国家知识产权局	4. 风险分担与补偿机制：建立政府引导、市场运作的风险补偿基金，对科技贷款、科技保险等业务中的损失进行适当补偿，分散金融机构风险。 5. 知识产权金融服务：鼓励利用知识产权作为质押物进行融资，建立健全知识产权评估、交易流转和价值实现机制，提高知识产权的融资效率。 6. 增强信息共享与服务：推进科技与金融信息平台建设，加强相关部门间的信息共享，为科技企业提供更精准的金融服务。 7. 优化政策环境：要求各地政府制定配套政策措施，简化审批流程，提供税收优惠、财政补贴等激励措施，营造良好的科技金融生态环境。 8. 监管协调与能力提升：加强跨部门监管协作，形成监管合力，同时提升监管机构对科技金融产品和服务的监管能力，防范金融风险
	科技部关于进一步推动科技型中小企业创新发展的若干意见	国科发高〔2015〕3号	科技部	七、拓宽融资渠道 （十四）完善多层次资本市场，支持科技型中小企业做大做强；（十五）引导金融机构面向科技型中小企业开展服务创新，拓宽融资渠道；（十六）完善科技型中小企业融资担保和科技保险体系

续表

类别	文件名称	发文字号	发文单位	核心内容
	关于印发《武汉城市圈科技金融改革创新专项方案》的通知	银发〔2015〕225号	中国人民银行 国家发展改革委 科技部 财政部 国家知识产权局 中国银监会 中国证监会 中国保监会 国家外汇局	（一）促进科技与金融融合发展；（二）完善科技金融组织体系；（三）深化科技金融产品和服务创新；（四）拓宽适合科技创新发展的融资渠道；（五）创新科技金融市场体系；（六）加快推动科技保险发展；（七）深化科技区域金融合作；（八）优化金融生态环境
	科技部 中国人民银行 中国银监会 中国证监会 中国保监会 关于确定第二批促进科技和金融结合试点的通知	国科发资〔2016〕183号	科技部 中国人民银行 中国银监会 中国证监会 中国保监会	确定在郑州市、厦门市、宁波市、济南市、南昌市、贵阳市、银川市、包头市和沈阳9个城市开展第二批促进科技和金融结合试点
综合类	中国人民银行 工业和信息化部 银监会 证监会 保监会 关于金融支持制造强国建设的指导意见	银发〔2017〕58号	中国人民银行 工业和信息化部 中国银监会 中国证监会 中国保监会	二、积极发展和完善支持制造强国建设的多元化金融组织体系；三、创新发展符合制造业特点的信贷管理体制和金融产品体系；四、大力发展多层次资本市场，加强对制造强国建设的资金支持；五、发挥保险市场作用，助推制造业转型升级

续表

类别	文件名称	发文字号	发文单位	核心内容
	国务院办公厅关于推广支持创新相关改革举措的通知	国办发〔2017〕80号	国务院办公厅	一、推广改革举措的主要内容（一）科技金融创新方面 3 项："以关联企业从产业链核心龙头企业获得的应收账款为质押的融资服务""面向中小企业的一站式技融资信息服务""贷款、保险、财政风险补偿捆绑的专利权质押融资服务"
综合类	关于印发《广西壮族自治区建设面向东盟金融开放门户总体方案》的通知	银发〔2018〕345号	中国人民银行 国家发展改革委 教育部 科技部 工业和信息化部 财政部 人力资源社会保障部 自然资源部 商务部 海关总署 中国银保监会 中国证监会 国家外汇局	（一）推动面向东盟的跨境金融创新；（二）扩大金融服务业对内对外开放；（三）强化面向东盟的金融市场合作；（四）加强面向东盟的跨境保险合作；（五）加强金融服务实体经济；（六）推动跨境金融基础设施完善；（七）完善跨境金融合作交流机制；（八）构建良好金融生态环境；（九）完善人才引领金融发展机制

续表

类别	文件名称	发文字号	发文单位	核心内容
综合类	中国人民银行发展改革委科技部工业和信息化部财政部银保监会证监会外汇局关于印发《上海国际金融中心建设行动计划（2018—2020年）》的通知	银发〔2019〕17号	中国人民银行 国家发展改革委 科技部 工业和信息化部 财政部 中国银保监会 中国证监会 国家外汇局	（一）加快金融改革创新，加强自贸试验区建设与国际金融中心建设联动；（二）完善金融市场功能，增强金融资源配置能力和影响力；（三）健全金融机构体系，增强金融创新活力和综合服务能力；（四）聚焦国家发展战略，增强金融服务实体经济能力；（五）扩大金融开放合作，提升金融中心的国际影响力；（六）优化金融发展环境，维护金融安全稳定
	中国人民银行关于印发《金融科技（FinTech）发展规划（2019—2021年）》的通知	银发〔2019〕209号	中国人民银行	加强金融科技战略部署、强化金融科技合理应用、赋能金融服务提质增效、增强金融风险技防能力、加大金融审慎监管力度、夯实金融科技基础支撑

续表

类别	文件名称	发文字号	发文单位	核心内容
	中国人民银行关于印发《金融科技发展规划（2022—2025年）》的通知	银发〔2021〕335号	中国人民银行	健全金融科技治理体系、加快金融服务智慧再造、加强金融科技审慎监管
综合类	中国人民银行 发展改革委 科技部 工业和信息化部 财政部 证监会 银保监会 国家外汇局关于印发《山东省济南市建设科创金融改革试验区总体方案》的通知	银发〔2021〕298号	中国人民银行 国家发展改革委 科技部 工业和信息化部 财政部 中国银保监会 中国证监会 国家外汇局	（一）建立健全科创金融组织体系；（二）深化科技创金融产品和服务创新；（三）拓宽科技创新型企业资本市场融资渠道；（四）推进要素市场体制机制创建设；（五）加强对重点领域金融支持；（六）优化金融生态环境

续表

类别	文件名称	发文字号	发文单位	核心内容
综合类	中国人民银行发展改革委科技部工业和信息化部财政部银保监会证监会外汇局关于印发《上海市、南京市、杭州市、合肥市、嘉兴市建设科创金融改革试验区总体方案》的通知	银发〔2022〕260号	中国人民银行 国家发展改革委 科技部 工业和信息化部 财政部 中国银保监会 中国证监会 国家外汇局	通过5年左右时间，将上海市、南京市、杭州市、合肥市、嘉兴市科创金融改革试验区打造成为科创金融合作示范区、产品业务创新集聚区、改革政策先行先试区、金融生态建设样板区、产城深度融合引领区

续表

类别	文件名称	发文字号	发文单位	核心内容
综合类	中国人民银行 发展改革委 科技部 工业和信息化部 财政部 中国银保监会 证监会 国家外汇局 国家知识产权局关于印发《北京市中关村国家自主创新示范区建设科创金融改革试验区总体方案》的通知	银发〔2023〕98号	中国人民银行 国家发展改革委 科技部 工业和信息化部 财政部 中国银保监会 中国证监会 国家外汇局 国家知识产权局	力争通过5年时间，构建金融有效支持科技创新的体制机制，在科创金融改革试验区（以下简称"试验区"）逐步建立健全多层次科创金融组织体系、多元化科创金融产品和服务体系、多维度科创金融政策支撑体系，金融科技水平进一步提升，创新能力不断加强，科创金融的适应性、竞争力和普惠性明显提高，形成全国领先的科创金融发展环境。推进金融双向开放，进一步便利科技创新型企业充

类别	文件名称	发文字号	发文单位	核心内容
综合类	中国人民银行 发展改革委 科技部 工业和信息化部 财政部 银保监会 证监会 外汇局 知识产权局 关于印发《北京市中关村国家自主创新示范区建设科创金融改革试验区总体方案》的通知	银发〔2023〕98号	中国人民银行 国家发展改革委 科技部 工业和信息化部 财政部 中国银保监会 中国证监会 国家外汇局 国家知识产权局	分利用国际国内两个市场、两种资源，提升国际化水平。对标国际，逐步形成与国际标准相衔接的金融制度规则，建设具有全球影响力的科创金融服务体系
	国家金融监督管理总局 关于加强科技型企业全生命周期金融服务的通知	金发〔2024〕2号	金融监督管理总局	形成科技型企业全生命周期金融服务

续表

类别	文件名称	发文字号	发文单位	核心内容
综合类	关于扎实做好科技金融大文章的工作方案	无	中国人民银行、科技部、国家发展改革委、工业和信息化部、金融监管总局、中国证监会、国家外汇局	全面加强金融服务专业能力建设，支持银行业金融机构构建科技金融专属组织架构和风控机制，完善绩效考核、尽职免责等内部制度。建立科技金融市场促进机制。强化融资功能，加强对科技型企业跨境融资的政策支持。将中小科技企业作为支持重点，完善科技型企业跨境融资的政策支持，成长期科技市场适应初创期，成长期科技市场创新债券发行绿色通道，尽职免责等方面对科技型企业发债融资。强化股票、评级、增信、区域性股权市场创新债券发行绿色通道，打造科技金融市场促进机制。建立科技金融市场促进机制，丰富创业投资基金来源和退出渠道。打造科技金融生态圈，深入推进区域性股权退出渠道。支持各类金融机构、科技中介服务组织建科技金融联盟，为科技型企业提供"天使投资—创业投资—私募股权投资—银行贷款—资本市场融资"的多元化接力式金融服务
	国家金融监督管理总局关于银行业保险业做好金融"五篇大文章"的指导意见	金发〔2024〕11号	金融监督管理总局	针对科技型企业全生命周期的金融服务进一步增强，对科研发活动和科技成果转移转化的资金和保险保障水平明显提升，科技金融风险分担机制持续优化，努力形成"科技—产业—金融"良性循环

续表

类别	文件名称	发文字号	发文单位	核心内容
综合类	关于做好重点地区科技金融服务的通知	无	中国人民银行、科技部	《通知》就加快推进重点地区率先构建适应科技创新的新科技金融体制，发挥引领示范作用，提出了相关要求
	国务院办公厅关于做好金融"五篇大文章"的指导意见	国办发〔2025〕8号	国务院办公厅	推动做好科技金融、绿色金融、普惠金融、养老金融、数字金融"五篇大文章"。（一）加强对实现高水平科技自立自强和建设科技强国的金融支持。（二）为经济社会发展全面绿色转型和美丽中国建设提供高质量金融供给。（三）完善多层次、广覆盖、可持续的普惠金融体系。（四）健全应对人口老龄化的养老金融体系。（五）推动数字金融高质量发展
创业投资	国务院办公厅转发科技部等部门关于建立风险投资机制若干意见的通知	国办发〔1999〕105号	国务院办公厅	三、培育风险投资主体；四、建立风险投资撤出机制；五、完善中介服务机构体系；六、建立健全鼓励和引导风险投资的政策和法规体系

续表

类别	文件名称	发文字号	发文单位	核心内容
创业投资	创业投资企业管理暂行办法	2005 年国家发展改革委、科技部、财政部、商务部、人民银行、税务总局、工商总局、银监会、证监会、外汇局令第 39 号	国家发展改革委	总则、创业投资企业的设立与备案、投资运作、投资政策扶持、监管、附则
	财政部 科技部关于印发《科技型中小企业创业投资引导基金管理暂行办法》的通知	财企〔2007〕128 号	财政部 科技部	总则、支持对象、阶段参股、跟进投资、风险补助、投资保障、管理与监督、附则

类别	文件名称	发文字号	发文单位	核心内容
	国务院办公厅转发发展改革委等部门关于创业投资引导基金规范设立与运作的指导意见	国办发〔2008〕116号	国务院办公厅	一、引导基金的性质与宗旨；二、引导基金的设立与资金来源；三、引导基金的运作原则与方式；四、引导基金的管理；五、对引导基金的监管与指导；六、引导基金的风险控制；七、指导意见的组织实施
创业投资	国家发展和改革委关于加强创业投资企业备案管理严格规范创业投资企业募资行为的通知	发改财金〔2009〕1827号	国家发展改革委	一、严格把握备案条件；二、规范代理业务；三、建立取消备案创业投资企业信息披露制度；四、加强不定期抽查；五、建立季度报告制度
	科技部 财政部关于印发《国家科技成果转化引导基金设立创业投资子基金管理暂行办法》的通知	国科发财〔2014〕229号	科技部 财政部	总则、子基金的设立、投资管理、托管银行、收入收缴、管理与监督、附则

续表

类别	文件名称	发文字号	发文单位	核心内容
	私募投资基金监督管理暂行办法	2014年证监会令第105号	中国证监会	总则、登记备案、合格投资者、资金募集、投资运作、行业自律、监督管理、特别规定、法律责任、附则
	财政部关于印发《政府投资基金暂行管理办法》的通知	财预〔2015〕210号	财政部	总则、政府投资基金的设立、运作和风险控制、终止和退出、预算管理、资产管理、监督管理、附则
创业投资	科技部 财政部关于印发《国家科技成果转化引导基金创业投资子基金管理暂行办法》的通知	国科发资〔2015〕417号	科技部 财政部	第三条 科技成果转化创业投资子基金应聚焦支持符合以下条件的科技型中小企业：（一）向年销售额3亿元以下的科技型中小企业发放用于科技成果转化和产业化的贷款。（二）贷款期限为1年期（含1年）以上
	关于财政资金注资政府投资基金支持产业发展的指导意见	财建〔2015〕1062号	财政部	二、合理运用政府投资基金聚焦支持重点产业；三、规范设立运作政府投资基金；四、切实履行财政资金出资人职责；五、积极营造政府投资基金支持产业发展的良好环境

续表

类别	文件名称	发文字号	发文单位	核心内容
	关于印发《政府出资产业投资基金管理暂行办法》的通知	发改财金规〔2016〕2800号	国家发展改革委	总则、募集和登记管理、投资运作和终止、投资运作和终止、绩效评价、行业信用建设、监督管理、附则
	国务院关于促进创业投资持续健康发展的若干意见	国发〔2016〕53号	国务院	二、培育多元创业投资主体；三、多渠道拓宽创业投资资金来源；四、加强政府引导和政策扶持；五、完善创业投资退出机制；六、进一步完善创业投资市场环境；七、优化创业投资市场环境；八、推动创业投资行业双向开放；九、完善创业投资行业自律和服务体系；十、加强各方统筹协调
创业投资	发展改革委人民银行财政部银保监会证监会外汇局关于进一步明确规范金融机构资产管理产品投资创业投资基金和政府出资产业投资基金有关事项的通知	发改财金规〔2019〕1638号	国家发展改革委中国人民银行财政部中国银保监会中国证监会国家外汇局	针对金融机构资管产品违规投资创投基金和政府产业基金的行为（如多层嵌套、严禁资金空转），明确"穿透式监管"原则，引导金融资源流向创新创业、关键核心技术攻关、战略新兴产业领域，支持政府出资产业投资基金的基建补短板、产业升级项目

续表

类别	文件名称	发文字号	发文单位	核心内容
	私募投资基金监督管理条例	中华人民共和国国务院令第762号	总理李强	规范私募基金市场秩序：明确私募基金募集、投资、信息披露等全流程监管要求，防范系统性风险。 保护投资者合法权益：强化对私募基金管理人及销售机构的责任约束，禁止欺诈、挪用资金等行为。 服务实体经济：引导私募基金流向国家战略领域（如科技创新、绿色产业、高端制造）
创业投资	关于印发《中央引导地方科技发展资金管理办法》的通知	财教〔2023〕276号	财政部 科技部	优化科技资源配置：通过中央财政资金引导，推动地方加大科技创新投入，缩小区域间科技发展差距。 服务国家战略：重点支持"卡脖子"技术攻关、战略性新兴产业培育（如人工智能、生物医药）、乡村振兴科技赋能等领域。 提升治理效能：规范资金分配流程，强化绩效导向，避免"撒胡椒面"式分配

类别	文件名称	发文字号	发文单位	核心内容
	商务部等十部门《关于进一步支持境外机构投资境内科技型企业的若干政策措施》的通知	商财发〔2024〕59号	商务部 外交部 国家发展改革委 科技部 工业和信息化部 中国人民银行 税务总局 金融监管总局 中国证监会 国家外汇局	吸引全球资本参与中国科技创新：通过制度型开放，引导境外资本（如主权基金、养老基金、科技VC）投向半导体、生物医药、人工智能等"硬科技"领域。重点支持国产大飞机C919、高端芯片（如7 nm以下制程）、工业软件等"卡脖子"技术攻关。深化国际科技合作：推动中外联合研发，建立"全球研发网络"，提升中国在全球价值链中的技术话语权
创业投资	国务院办公厅关于印发《促进创业投资高质量发展的若干政策措施》的通知	国办发〔2024〕31号	国务院办公厅	从培育多元化创业投资主体，多渠道拓宽创业投资资金来源，加强创业投资政府引导和差异化监管，健全创业投资退出机制，优化创业投资市场环境五个方面提出促进创业投资高质量发展的若干政策举措
	关于促进政府投资基金高质量发展的指导意见	国办发〔2025〕1号	国务院办公厅	以服务国家战略为核心，通过分级分类管理和统筹布局推动基金高质量发展

续表

类别	文件名称	发文字号	发文单位	核心内容
信贷融资	中国银监会 科技部 中国人民银行关于支持银行业金融机构加大创新力度开展科创企业投贷联动试点的指导意见	银监发〔2016〕14号	中国银监会 科技部 中国人民银行	破解融资难题：针对科创企业"轻资产、高风险、长周期"特点，通过"债权+股权"模式提供多元化资金支持。优化资源配置：引导银行业金融机构聚焦"硬科技"领域（如半导体、生物医药、人工智能），助力国家战略科技力量构建。风险收益平衡：通过制度设计降低银行风险敞口，鼓励长期资本投入科技创新
信贷融资	关于开展银行业金融机构投贷联动统计监测与评估工作的通知	银监办发〔2016〕140号	中国银监会办公厅	内部投贷联动业务监测的主要内容包括银行业金融机构设立投资功能子公司和科技金融专营机构情况，内部投贷联动投贷及贷款情况、贷款风险及分担、业务成效、损益核算等，对内部投贷联动业务开展中的其他重大事项应及时进行监测报告。外部投贷联动业务监测的主要内容包括外部联动机构基本情况、贷款发放，风险分担及损益情况等
信贷融资	中国银保监会关于推动银行业和保险业高质量发展的指导意见	银保监发〔2019〕52号	中国银保监会	服务实体经济：引导银行业保险业回归本源，重点支持国家战略领域（如科技创新、绿色转型、普惠金融）。防控金融风险：构建全面风险管理体系，确保行业稳健运行，守住不发生系统性风险底线。深化改革创新：通过数字化转型、产品服务升级，对外开放深化，提升行业国际竞争力

类别	文件名称	发文字号	发文单位	核心内容
信贷融资	中国银保监会关于银行业保险业支持高水平科技自立自强的指导意见	银保监发〔2021〕46号	中国银保监会	三、完善科技金融服务体系 （一）积极发挥开发性、政策性金融作用；（二）推动商业银行科技金融服务提质增效；（三）强化科技保险保障作用；（四）发挥非银行金融机构特色优势。 四、创新科技金融产品和服务 （五）探索科技信贷服务新模式；（六）积极支持科技企业直接融资；（七）强化科技保险服务；（八）加强科技人才创新创业服务
	科技部火炬中心与中国工商银行关于开展科技金融创新服务"十百千万"专项行动的通知	国科火字〔2021〕122号	科技部火炬中心中国工商银行	重点任务： （一）共建科技金融创新服务中心；（二）创新国家高新区科技金融合作模式；（三）择优遴选和重点扶持高成长性科技企业；（四）做好对国家高新区国资平台公司的金融服务；（五）建立重大科技创新及产业化项目与金融服务精准对接机制；（六）加强对国家高新区内科技创新服务机构的金融服务；（七）支持国家高新区完善创新生态

续表

类别	文件名称	发文字号	发文单位	核心内容
	科技部火炬中心与中国工商银行关于同意中关村科技园等58家国家高新区实施科技金融创新服务"十百千万"专项行动的通知	无	科技部火炬中心、中国工商银行	同意中关村科技园等58家国家高新区作为"十百千万"专项行动首批实施单位。其中,支持广州等国家高新区10家科技金融创新服务中心,支持西安国家高新区等16家国家高新区与中国工商银行分支机构共同培育创建科技金融创新服务中心
信贷融资	科技部火炬中心与中国银行关于开展科技金融"一体两翼"助力企业创新能力提升行动的通知	国科火字[2022]81号	科技部火炬中心、中国银行	重点工作任务: (一)支持科技企业"出海";(二)支持科技企业精准融资;(三)支持科技领军企业做大做强;(四)推动设立科技创新协同发展母基金;(五)支持建设科技金融服务示范机构;(六)支持高水平科技成果产业化及科技创业;(七)支持国家高新区平台多元化融资;(八)支持国家高新区完善创新生态
信贷融资	《关于进一步扩大金融资产投资公司股权投资试点的通知管理》	金办发[2025]19号	国家金融监督管理总局办公厅	核心内容围绕"地域松绑、主体扩容、资金开源"三大方向推进试点改革

续表

类别	文件名称	发文字号	发文单位	核心内容
信贷融资	国家金融监督管理总局办公厅 科技部办公厅 国家发展改革委办公厅关于印发《银行业保险业科技金融高质量发展实施方案》的通知	金办发〔2025〕31号	国家金融监督管理总局办公厅 科技部办公厅 国家发展改革委办公厅	加强科技金融服务机制建设
科技保险	关于开展科技保险创新试点工作的通知	国科办财字〔2007〕24号	科技部办公厅	申报科技保险试点的条件：1. 高新技术企业数量在100家以上；2. 试点地区科技部门或国家高新技术产业开发区管委会制定了对高新技术企业参与科技保险的支持政策
	科技部 中国保监会关于确定第一批科技保险创新试点城市的通知	国科发财字〔2007〕427号	科技部 中国保监会	确定重庆市、天津市、北京市、武汉市、深圳市和苏州工业园区为第一批科技保险创新试点城市（区）；同时，将中国平安人寿保险股份有限公司经营的高新技术企业特殊人员团体意外伤害保险和高新技术企业特殊人员团体重大疾病保险列为高新科技研发保险险种

续表

类别	文件名称	发文字号	发文单位	核心内容
科技保险	关于确定成都市等第二批科技保险创新试点城市（区）的通知	国科发财〔2008〕521号	科技部 中国保监会	确定成都市、上海市、沈阳市、无锡市和西安国家高新区、合肥国家高新区为第二批科技保险创新试点城市（区）
	关于进一步做好科技保险有关工作的通知	保监发〔2010〕31号	中国保监会 科技部	重点工作：一、鼓励保险公司开展科技保险业务；二、支持保险公司创新科技保险产品；三、进一步完善出口信用保险功能；四、加大对科技人员保险服务力度；五、提高保险中介机构服务质量；六、实施科技保险有关支持政策；七、创新科技风险分担机制；八、探索保险资金支持科技发展新方式
	中国保监会关于保险资金投资创业投资基金有关事项的通知	保监发〔2014〕101号	中国保监会	保险资金可以投资创业投资基金

续表

类别	文件名称	发文字号	发文单位	核心内容
科技保险	关于开展首台（套）重大技术装备保险补偿机制试点工作的通知	财建〔2015〕19号	财政部 工业和信息化部 中国保监会	首台（套）重大技术装备保险补偿机制坚持"政府引导、市场化运作"原则。由保险公司针对重大技术装备特殊风险提供定制化的首台（套）重大技术装备综合险（以下简称"综合险"），承保质量风险和责任风险。装备制造企业投保，装备使用方受益，中央财政对符合条件的投保企业保费适当补贴，利用财政资金杠杆作用，发挥保险风险保障功能，降低用户风险，加快首台（套）重大技术装备推广应用。同时，鼓励保险公司创新险种，扩大保险范围，为促进重大技术装备发展提供保险服务
	中国保监会关于设立股权投资计划有关事项的通知	保监资金〔2017〕282号	中国保监会	股权投资计划取得的投资收益，应当与被投资未上市企业的经营业绩或私募股权投资基金的投资收益挂钩；股权投资计划投资私募股权投资基金的，所投资金额不得超过该基金实际募集金额的80%
	关于深入做好首台（套）重大技术装备保险补偿机制试点工作的通知	财办建〔2018〕35号	财政部办公厅 工业和信息化部办公厅 中国银保监会办公厅	自2018年起，由省级工业和信息化主管部门负责本地区制造企业（含央企）保费补贴资金申请受理工作。2017年3月16日至2017年12月31日期间投保的项目，应于2018年4月20日前提交保费补贴资金申请材料

续表

类别	文件名称	发文字号	发文单位	核心内容
	关于促进首台（套）重大技术装备示范应用的意见	发改产业〔2018〕558 号	国家发展改革委科技部工业和信息化部司法部财政部国务院国资委市场监管总局国家知识产权局	完善重大技术装备研发创新体系：确定重大技术装备创新重点领域，建设重大技术装备研发创新平台，加强重大技术装备研发创新合作，健全重大技术装备众创引导机制。加大资金支持力度：加强重大技术装备研发创新支持，强化税收政策导向，落实现行税收优惠政策，调整相关进口税收政策。优化金融支持和服务：发展融资租赁业务，拓宽直接融资渠道支持，增强保险"稳定器"作用，继续实施首台套保险补偿政策。
科技保险	关于进一步深入推进首台（套）重大技术装备保险补偿机制试点工作的通知	财建〔2019〕225 号	财政部 工业和信息化部中国银保监会	中央财政对符合条件的投保企业按照实际投保费率不超过 3% 及实际投保年度保费的 80% 给予保险补偿。保险期间应连续不间断，保险补偿期间按保险期限据实核算，不超过 3 年

类别	文件名称	发文字号	发文单位	核心内容
	中国银保监会关于银行业保险业支持高水平科技自立自强的指导意见	银保监发〔2021〕46号	中国银保监会	完善科技金融服务体系：积极发挥开发性、政策性金融作用，推动商业银行科技金融服务提质增效，强化科技保险保障作用，发挥非银行金融机构特色优势。创新科技金融产品和服务：探索科技信贷服务新模式，积极支持科技企业直接融资，强化科技保险服务，加强科技人才创新创业服务。推动外部生态建设：健全风险分担补偿机制，完善知识产权融资服务体系
科技保险	中国银保监会上海市人民政府关于印发中国（上海）自由贸易试验区临港新片区科技保险创新引领区工作方案的通知	银保监发〔2022〕16号	中国银保监会 上海市人民政府	一、围绕重点产业提供特色科技保险支持；二、推动科技保险市场更高水平开放；三、创新科技保险资金运用方式；四、促进保险与科技双向赋能；五、实施科技保险创新人才工程

续表

类别	文件名称	发文字号	发文单位	核心内容
科技保险	国家金融监督管理总局办公厅关于印发科技保险业务统计制度的通知	无	金融监管总局办公厅	一、高度重视科技保险业务及其统计工作；二、切实提升科技保险业务经营服务能力；三、准确高效开展科技保险业务数据报送
科技担保	国务院关于促进融资担保行业加快发展的意见	国发〔2015〕43号	国务院	一、发挥政府支持作用，提高融资担保机构服务能力；二、发挥政府主导作用，推进再担保体系建设；三、政银担三方共同参与，构建可持续银担银商业合作模式；四、有效履行监管职责，守住风险底线；五、加强协作，共同支持融资担保行业发展
	国务院办公厅关于加快融资租赁业发展的指导意见	国办发〔2015〕68号	国务院办公厅	一、改革制约融资租赁发展的体制机制；二、加快重点领域融资租赁发展；三、支持融资租赁创新发展；四、加强融资租赁事中事后监管；五、完善财税政策；六、拓宽融资资渠道

续表

类别	文件名称	发文字号	发文单位	核心内容
	国家知识产权局办公室关于报送知识产权质押融资及专利保险试点、示范的通知	国知办函管字〔2016〕145号	国家知识产权局办公室	一、试点示范类型及期限 （一）类型 1.知识产权质押融资工作试点； 2.知识产权质押融资工作示范； 3.专利保险工作试点； 4.专利保险工作示范。 （二）期限 以上试点示范期限为三年
科技担保	知识产权局关于抓紧落实专利质押融资有关工作的通知	国知办函管字〔2017〕733号	国家知识产权局办公室	一、加快扩大工作覆盖面；二、抓紧建立健全风险分担及补偿机制；三、加强项目对接与服务；四、完善质权质押登记管理；五、开展专利权质押登记试点
	中国银保监会国家知识产权局国家版权局关于进一步加强知识产权质押融资工作的通知	银保监发〔2019〕34号	中国银保监会 国家知识产权局 国家版权局	一、优化知识产权质押融资服务体系；二、加强知识产权质押融资风险管理；三、健全知识产权质押融资保障工作

续表

类别	文件名称	发文字号	发文单位	核心内容
科技担保	国家知识产权局 中国银保监会 国家发展改革委关于印发《知识产权质押融资入园惠企行动方案（2021—2023年）》的通知	国知发运字〔2021〕17号	国家知识产权局 中国银保监会 国家发展改革委	模式创新行动：一是评估评价工具创新；二是企业筛选模式创新；三是信贷合作模式创新；四是质押标的创新；五是质物处置模式创新
	关于实施支持科技创新专项担保计划的通知	财金〔2024〕60号	财政部 科技部 工业和信息化部 金融监管总局	分类提高分险比例。银行和政府性融资担保体系分别按不低于贷款额的20%、不高于贷款额的80%分担风险责任。融担基金分险比例从20%提高至最高不超过40%。省级再担保机构分险比例不低于20%。有条件的省级再担保、担保机构可提高分险比例，减少市县级担保机构的风险分担压力

227

续表

类别	文件名称	发文字号	发文单位	核心内容
资本市场	国务院关于进一步促进资本市场健康发展的若干意见	国发〔2014〕17号	国务院	构建多层次资本市场体系：推动主板、科创板、创业板、北交所协同发展，形成功能互补的市场格局。提高直接融资比重：力争2025年直接融资占社会融资规模比重提升至35%以上（2023年为32%）。服务国家战略：重点支持"卡脖子"技术攻关、战略性新兴产业（如半导体、生物医药、新能源）和专精特新企业。
	中国银监会科技部中国人民银行关于支持银行业金融机构加大创新力度开展科创企业投贷联动试点的指导意见	银监发〔2016〕14号	中国银监会 科技部 中国人民银行	破解融资难题：针对科创企业"轻资产、高风险、长周期"特点，通过"债权+股权"模式提供多元化资金支持。优化资源配置：引导银行业金融机构聚焦"硬科技"领域（如半导体、生物医药、人工智能），助力国家战略科技力量构建。风险收益平衡：通过制度设计降低银行风险敞口，鼓励长期股权投资本投入科技创新。
	国务院办公厅转发证监会关于开展创新企业境内发行股票或存托凭证试点若干意见的通知	国办发〔2018〕21号	国务院办公厅	试点方式：试点企业可根据相关规定和自身实际，选择申请发行股票或存托凭证上市。允许试点红筹企业按程序在境内资本市场发行存托凭证上市；具备条件上市红筹企业可申请在境内发行股票上市；在境内注册的试点企业可申请在境内发行股票上市。本意见所称存托凭证，是指由存托人签发，以境外证券为基础在中国境内发行，代表境外基础证券权益的证券。

续表

类别	文件名称	发文字号	发文单位	核心内容
	关于扩大国有科技型企业股权和分红激励暂行办法实施范围等有关事项的通知	财资〔2018〕54号	财政部 科技部 国资委	一、将国有科技型中小企业、国有控股上市公司所出资的各级未上市科技子企业、转制院所企业投资的科技企业纳入激励实施范围；二、对于国家认定的高新技术企业不再设定研发费用和研发人员指标条件
资本市场	中国证监会关于高质量建设北京证券交易所的意见	无	中国证监会	一、加快高质量上市公司供给；二、稳步推进市场改革创新；三、全面优化市场发展基础和环境
	关于进一步支持境外机构投资境内科技型企业的若干政策措施	商财发〔2024〕59号	商务部 外交部 国家发展改革委 科技部 工业和信息化部 中国人民银行 国家税务总局 国家金融监督管理总局 中国证监会 国家外汇管理局	一、优化管理服务，便利机构投资经营；二、加大融资支持，丰富科创资金来源；三、加强交流合作，促进投资良性循环效对接；四、完善退出机制，助力投资高

续表

类别	文件名称	发文字号	发文单位	核心内容
资本市场	中国证监会关于资本市场服务科技型企业高水平发展的十六项措施	无	中国证监会	一、集中力量支持重大科技攻关；二、完善科技型企业股权激励；三、深入推进发行监管转型；四、优化科技型企业上市融资环境；五、统筹发挥各板块功能定位；六、扎实推进北交所高质量发展；七、加大科技型企业再融资支持力度；八、推动科技型企业高效实施并购重组；九、加强债券市场对科技创新的精准支持；十、引导私募股权创投基金投向科技创新领域；十一、充分发挥区域性股权市场服务培育规范科技型企业的功能；十二、加大金融产品创新力度；十三、持续完善交易机制；十四、督促证券公司提升服务科技创新能力；十五、优化科技型企业服务机制；十六、压实各方责任
	中国证监会关于深化科创板改革 服务科技创新和新质生产力发展的八条措施	无	中国证监会	支持上海加快"五个中心"建设等国家战略
	关于深化上市公司并购重组市场改革的意见	无	中国证监会	一是支持上市公司向新质生产力方向转型升级。二是鼓励上市公司加强产业整合。三是进一步提高监管包容度。四是提升重组市场交易效率。五是提升中介机构服务水平。六是依法加强监管

续表

类别	文件名称	发文字号	发文单位	核心内容
资本市场	关于资本市场做好金融"五篇大文章"的实施意见	无	中国证监会	以服务国家战略为核心，围绕科技金融、绿色金融、普惠金融、养老金融、数字金融五大领域提出系统性改革举措
债券市场	国家发展改革委办公厅关于印发双创孵化专项债券发行指引的通知	发改办财金〔2015〕2894号	国家发展改革委办公厅	支持提供"双创孵化"服务的产业类企业或园区经营公司发行双创孵化专项债券，募集资金用于涉及双创孵化服务的新型基础设施、扩容改造、系统提升、建立分园、收购现有设施并改造等，包括但不限于中央预算内资金引导范围的"双创"示范基地、国家级孵化园区及经国务院科技和教育行政主管部门认定的大学科技园的项目建设
	中国证监会关于开展创新创业公司债券试点的指导意见	〔2017〕10号	中国证监会	一、实行专项审核；二、支持设置转股条款；三、鼓励业务创新；四、完善激励机制

231

续表

类别	文件名称	发文字号	发文单位	核心内容
	中国证监会 国务院国资委关于支持中央企业发行科技创新公司债券的通知	证监发〔2022〕80号	中国证监会 国务院国资委	一、健全科技创新金融服务支持机制；二、发挥中央企业创新引领支撑作用；三、增强促进实体经济创新发展合力
债券市场	关于升级推出科创票据相关事宜的通知	无	中国银行间市场交易商协会	一、主体类科创票据 科技创新企业拟发行科创票据须具备至少一项国家企业技术中心、高新技术企业、制造业单项冠军、专精特新"小巨人"、技术创新示范企业或智能制造示范工厂（优秀场景）等科技创新称号； 二、用途类科创票据 非科创企业拟发行科创票据的，其募集资金中应有不低于50%的部分用于支持科创相关领域，并且符合国家相关法律法规要求

续表

类别	文件名称	发文字号	发文单位	核心内容
债券市场	关于深化债券注册制改革的指导意见	中国证券监督管理委员会公告〔2023〕46号	中国证监会	核心目标: 提升资本市场效率:通过市场化改革实现债券发行"标准明确、程序简化、信息披露透明",降低企业融资成本。服务国家战略:重点支持"卡脖子"技术攻关、战略性新兴产业(如半导体、新能源)、乡村振兴等领域债券融资。防控金融风险:强化事中事后监管,避免过度杠杆和系统性风险。 政策定位: 从核准制转向注册制:以信息披露为核心,减少行政干预,压实发行人主体责任。 分层分类管理: 根据债券类型(如公司债、企业债、ABS)和发行人信用等级实施差异化监管
税收优惠	财政部 国家税务总局关于促进创业投资企业发展有关税收政策的通知	财税〔2007〕31号	财政部 国家税务总局	一、创业投资企业采取股权投资方式投资于未上市中小高新技术企业2年以上(含2年),凡符合下列条件的,可按其对中小高新技术企业投资额的70%抵扣该创业投资企业的应纳税所得额: 二、创业投资企业按本通知第一条规定计算的应纳税所得额抵扣额,符合抵扣条件并在当年不足抵扣的,可在以后纳税年度逐年延续抵扣

续表

类别	文件名称	发文字号	发文单位	核心内容
税收优惠	关于完善研究开发费用税前加计扣除政策的通知	财税〔2015〕119号	财政部 国家税务总局 科技部	企业开展研发活动中实际发生的研发费用，未形成无形资产计入当期损益的，在按规定据实扣除的基础上，按照本年度实际发生额的50%，从本年度应纳税所得额中扣除；形成无形资产的，按照无形资产成本的150%在税前摊销
	财政部 国家税务总局关于科技企业孵化器税收政策的通知	财税〔2016〕89号	财政部 国家税务总局	2016年1月1日至2018年12月31日，对符合条件的孵化器自用及无偿或通过出租等方式提供给孵化企业使用的房产、土地，免征房产税和城镇土地使用税；2016年1月1日至2016年4月30日，对其向孵化企业出租场地、房屋及提供孵化服务取得的收入，免征营业税；在营业税改征增值税试点后期间，对其向孵化企业出租场地、房屋及提供孵化服务的收入，免征增值税
	关于完善股权激励和技术入股有关所得税政策的通知	财税〔2016〕101号	财政部 国家税务总局	一、对符合条件的非上市公司股票期权、股权期权、限制性股票和股权奖励实行递延纳税政策；二、对上市公司股票期权、限制性股票和股权奖励适当延长纳税期限；三、对技术成果投资入股实施选择性税收优惠政策

续表

类别	文件名称	发文字号	发文单位	核心内容
	财政部 税务总局 科技部关于提高科技型中小企业研究开发费用税前加计扣除比例的通知	财税〔2017〕34号	财政部 国家税务总局 科技部	科技型中小企业开展研发活动中实际发生的研发费用，未形成无形资产计入当期损益的，在2017年1月1日至2019年12月31日，再按照实际发生额的75%在税前加计扣除；形成无形资产的，在上述期间按照无形资产成本的175%在税前摊销
税收优惠	关于创业投资企业和天使投资个人有关税收试点政策的通知	财税〔2017〕38号	财政部 国家税务总局	公司制创业投资企业采取股权投资方式直接投资于种子期、初创期科技型企业（以下简称初创科技型企业）满2年（24个月，下同）的，可以按照投资额的70%在股权持有满2年的当年抵扣该公司制创业投资企业的应纳税所得额；当年不足抵扣的，可以在以后纳税年度结转抵扣
	关于创业投资企业和天使投资个人有关税收政策的通知	财税〔2018〕55号	财政部 国家税务总局	公司制创业投资企业采取股权投资方式直接投资于种子期、初创期科技型企业（以下简称初创科技型企业）满2年的，可以按照投资额的70%在股权持有满2年的当年抵扣该公司制创业投资企业的应纳税所得额；当年不足抵扣的，可以在以后纳税年度结转抵扣

类别	文件名称	发文字号	发文单位	核心内容
税收优惠	关于提高研究开发费用税前加计扣除比例的通知	财税〔2018〕99号	财政部 国家税务总局 科技部	企业开展研发活动中实际发生的研发费用，未形成无形资产计入当期损益的，在按规定据实扣除的基础上，在2018年1月1日至2020年12月31日期间，再按照实际发生额的75%在税前加计扣除；形成无形资产的，在上述期间按照无形资产成本的175%在税前摊销
	关于创业投资企业个人合伙人所得税政策问题的通知	财税〔2019〕8号	财政部 国家税务总局 发展改革委 中国证监会	一、创投企业可以选择按单一投资基金核算或者按创投企业年度所得整体核算两种方式之一，对其个人合伙人来源于创投企业的所得计算个人所得税应纳税额；二、创投企业选择按单一投资基金核算的，其个人合伙人从该基金应分得的股权转让所得和股息红利所得，按照20%税率计算缴纳个人所得税
	关于继续执行研发机构采购设备增值税政策的公告	财政部 商务部 税务总局公告 2019年第91号	财政部 商务部 国家税务总局	继续对内资研发机构和外资研发中心采购国产设备全额退还增值税

续表

类别	文件名称	发文字号	发文单位	核心内容
税收优惠	关于进一步完善研发费用税前加计扣除政策的公告	财政部 税务总局公告 2021 年第 13 号	财政部 国家税务总局	一、制造业企业开展研发活动中实际发生的研发费用，未形成无形资产计入当期损益的，在按规定实际发生额扣除的基础上，自 2021 年 1 月 1 日起，再按照实际发生额的 100% 在税前加计扣除；形成无形资产的，自 2021 年 1 月 1 日起，按照无形资产成本的 200% 在税前摊销；二、企业预缴申报当年第三季度（按季预缴）或 9 月份（按月预缴）企业所得税时，可以自行选择就当年上半年研发费用享受加计扣除优惠政策，采取"自行判别、申报享受、相关资料留存备查"办理方式
	财政部 海关总署 税务总局关于"十四五"期间支持科技创新进口税收政策的通知	财关税〔2021〕23 号	财政部 海关总署 国家税务总局	一、对科学研究机构、技术开发机构、学校、党校（行政学院）、图书馆进口国内不能生产或性能不能满足需求的科学研究、科技开发和教学用品，免征进口关税和进口环节增值税、消费税；二、对出版物进口单位为科研院所、学校、党校（行政学院）、图书馆进口用于科研、教学的图书、资料等，免征进口环节增值税

续表

类别	文件名称	发文字号	发文单位	核心内容
税收优惠	国家税务总局关于进一步落实研发费用加计扣除政策有关问题的公告	国家税务总局公告2021年第28号	国家税务总局	一、关于2021年度享受研发费用加计扣除政策问题 （一）企业10月预缴申报第3季度（按季预缴）或9月（按月预缴）企业所得税时，可以自主选择就前三季度研发费用享受加计扣除优惠政策。对10月预缴申报期未选择享受优惠的，可以在2022年办理2021年度企业所得税汇算清缴时统一享受。 （二）企业享受研发费用加计扣除政策采取"真实发生、自行判别、申报享受、相关资料留存备查"的办理方式，由企业依据实际发生的研发费用支出，自行计算加计扣除金额
	关于延续执行创业投资企业和天使投资个人投资初创科技型企业有关政策条件的公告	财政部税务总局公告2022年第6号	财政部 国家税务总局	2022年1月1日至2023年12月31日，对于初创科技型企业需符合的条件，从业人数继续按不超过300人、资产总额和年销售收入按均不超过5000万元执行，《关于创业投资企业和天使投资个人有关税收政策的通知》（财税〔2018〕55号）规定的其他条件不变

238

续表

类别	文件名称	发文字号	发文单位	核心内容
税收优惠	国家税务总局关于企业预缴申报第三季度享受研发费用加计扣除优惠政策有关事项的公告	国家税务总局公告2022年第10号	国家税务总局	一、企业10月预缴申报第三季度（按季预缴）或9月（按月预缴）企业所得税时，可以自主选择就当年前三季度研发费用享受加计扣除优惠政策；对10月预缴申报期未选择享受研发费用加计扣除优惠政策的，可以在办理当年度企业所得税汇算清缴时统一享受；
	国家税务总局关于企业预缴申报享受研发费用加计扣除优惠政策有关事项的公告	国家税务总局公告2022年第10号	国家税务总局	二、企业享受研发费用加计扣除优惠政策采取"真实发生、自行判别、申报享受、相关资料留存备查"办理方式，由企业依据实际发生的研发费用支出，自行计算加计扣除金额
	财政部 税务总局关于中小微企业设备器具所得税税前扣除有关政策的公告	财政部 税务总局公告2022年第12号	财政部 国家税务总局	一、中小微企业在2022年1月1日至2022年12月31日新购置的设备、器具，单位价值在500万元以上的，按照单位价值的一定比例自愿选择在企业所得税税前扣除。其中，企业所得税法实施条例规定最低折旧年限为3年的设备器具，单位价值的100%可在当年一次性税前扣除；最低折旧年限为4年、5年、10年的，单位价值的50%可在当年一次性税前扣除，其余50%按规定在剩余年度计算折旧进行税前扣除

类别	文件名称	发文字号	发文单位	核心内容
税收优惠	关于进一步提高科技型中小企业研发费用税前加计扣除比例的公告	财政部 税务总局 科技部公告 2022年 第16号	财政部 国家税务总局 科技部	科技型中小企业开展研发活动中实际发生的研发费用，未形成无形资产计入当期损益的，在按规定据实扣除的基础上，自2022年1月1日起，再按照实际发生额的100%在税前加计扣除；形成无形资产的，自2022年1月1日起，按照无形资产成本的200%在税前摊销
	财政部 税务总局关于加大支持科技创新税前扣除力度的公告	财政部 税务总局 科技部公告 2022年 28号	财政部 国家税务总局 科技部	一、高新技术企业在2022年10月1日至2022年12月31日间新购置的设备、器具，允许当年一次性全额在计算应纳税所得额时扣除，并允许在税前加计扣除；凡在2022年第四季度具有高新技术企业资格的企业，均可适用该项政策。企业选择适用该项政策当年不足扣除的，可结转至以后年度按现行有关规定执行； 二、现行适用研发费用税前加计扣除比例75%的企业，在2022年10月1日至2022年12月31日，税前加计扣除比例提高至100%
	财政部 税务总局关于企业投入基础研究税收优惠政策的公告	财政部 税务总局公告 2022年 第32号	财政部 国家税务总局	对企业出资给非营利性科学技术研究开发机构（以下简称科研机构）、高等学校和政府性自然科学基金用于基础研究的支出，在计算应纳税所得额时可按实际发生额在税前扣除，并可按100%在税前加计扣除；对非营利性科研机构、高等学校接收企业、个人和其他组织机构基础研究资金收入，免征企业所得税

续表

类别	文件名称	发文字号	发文单位	核心内容
税收优惠	财政部 税务总局关于进一步完善研发费用税前加计扣除政策的公告	财政部 税务总局2023年第7号	财政部 国家税务总局	企业开展研发活动中实际发生的研发费用，未形成无形资产计入当期损益的，在按规定据实扣除的基础上，自2023年1月1日起，再按照实际发生额的100%在税前加计扣除；形成无形资产的，自2023年1月1日起，按照无形资产成本的200%在税前摊销
税收优惠	国家税务总局 财政部关于优化预缴申报享受研发费用加计扣除政策有关事项的公告	国家税务总局 财政部公告2023年第11号	国家税务总局 财政部	一、企业7月预缴申报第二季度（按季预缴）或6月（按月预缴）企业所得税时，能准确归集核算研发费用的，可以结合自身生产经营实际情况，自主选择就上半年研发费用享受加计扣除政策；对7月预缴申报期未选择享受优惠的企业，在10月预缴申报或年度汇算清缴时能够补充享受研发费用，可结合自身生产经营实际情况，自主选择在10月预缴申报或年度汇算清缴时统一享受，年度汇算清缴时统一享受； 二、企业10月预缴申报第三季度（按季预缴）或9月（按月预缴）企业所得税时，能准确归集核算研发费用的，企业可结合自身生产经营实际情况，自主选择就当年前三季度研发费用享受加计扣除政策

续表

类别	文件名称	发文字号	发文单位	核心内容
税收优惠	财政部税务总局关于集成电路企业增值税加计抵减政策的通知	财税〔2023〕17号	财政部 国家税务总局	一、2023年1月1日至2027年12月31日，允许集成电路设计、生产、封测、装备、材料企业（以下称集成电路企业），按照当期可抵扣进项税额加计15%抵减应纳增值税税额（以下称加计抵减政策）； 二、集成电路企业按照当期可抵扣进项税额的15%计提当期加计抵减额。企业外购芯片对应的进项税额，以及按照现行规定不得从销项税额中抵扣的进项税额，不得计提加计抵减额；已计提加计抵减额的进项税额，按规定作进项税额转出的，应在进项税额转出当期，相应调减加计抵减额
	财政部 税务总局关于延续执行创业投资企业和天使投资个人投资初创科技型企业有关政策条件的公告	财政部 税务总局公告2023年第17号	财政部 国家税务总局	对于初创科技型企业需符合的条件，从业人数继续按不超过300人、资产总额和年销售收入均不超过5000万元执行，《关于创业投资企业和天使投资个人有关税收政策的通知》（财税〔2018〕55号）规定的其他条件不变

续表

类别	文件名称	发文字号	发文单位	核心内容
	财政部税务总局国家发展改革委中国证监会关于延续实施创投资企业个人合伙人所得税政策的公告	财政部税务总局国家发展改革委中国证监会公告2023年第24号	财政部 国家税务总局 国家发展改革委 中国证监会	一、创投企业可以选择按单一投资基金核算或者按创投企业年度所得整体核算两种方式之一，对其个人合伙人来源于创投企业的所得计算个人所得税应纳税额；二、创投企业选择按单一投资基金核算的，其个人合伙人从该基金应分得的股权转让所得和股息红利所得，按照20%税率计算缴纳个人所得税
税收优惠	关于延续实施上市公司股权激励有关个人所得税政策的公告	财政部税务总局公告2023年第25号	财政部 国家税务总局	居民个人取得股票期权、股票增值权、限制性股票、股权奖励等股权激励，不并入当年综合所得，全额单独适用综合所得税率表，计算纳税
	关于设备、器具扣除有关企业所得税政策的公告	财政部税务总局公告2023年第37号	财政部 国家税务总局	企业在2024年1月1日至2027年12月31日新购进的设备、器具，单位价值不超过500万元的，允许一次性计入当期成本费用在计算应纳税所得额时扣除，不再分年度计算折旧；单位价值超过500万元的，仍按企业所得税法实施条例、《财政部 国家税务总局关于完善固定资产加速折旧企业所得税政策的通知》（财税〔2014〕75号）、《财政部 国家税务总局关于进一步完善固定资产加速折旧企业所得税政策的通知》（财税〔2015〕106号）等相关规定执行

续表

类别	文件名称	发文字号	发文单位	核心内容
	关于研发机构采购设备增值税政策的公告	财政部 商务部 税务总局公告2023年第41号	财政部 商务部 国家税务总局	继续对内资研发机构和外资研发中心采购国产设备全额退还增值税
税收优惠	关于继续实施科技企业孵化器、大学科技园和众创空间有关税收政策的公告	财政部 税务总局 科技部 教育部公告2023年第42号	财政部 国家税务总局 科技部 教育部	一、对国家级、省级科技企业孵化器、大学科技园和国家备案众创空间自用及无偿或通过出租等方式提供给在孵对象使用的房产、土地,免征房产税和城镇土地使用税;对其向在孵对象提供孵化服务取得的收入,免征增值税;二、国家级、省级科技企业孵化器、大学科技园和国家备案众创空间应当单独核算孵化服务收入

参考文献

[1] ALLEN F, GALE D . Comparing financial systems[J]. MIT press books, 2001, 1（2）: 209-215.

[2] FREEMAN C. Technology, policy, and economic performance: lessons from Japan[M]. London: Pinter Pub Ltd, 1987.

[3] FREEMAN C . The Kondratiev long waves, technical change and unempl-oyment[R]. Structural determinants of employment & unemployment, 1979.

[4] GREENWOOD J, JOVANOVIC B V. Financial development and economic development[J]. Economic development and cultural change, 1990, 15（3）: 257-268.

[5] HOBIJN, BART, JOVANOVIC, et al. The Information-technology revolution and the stock market: evidence[J]. American economic review, 2001, 91（5）: 1203-1220.

[6] JOVANOVIC B V, ROUSSEAU P L . Why wait ? A century of life before IPO[J]. The American economic review, 2001, 91（2）: 336-341.

[7] LUNDVALL B A.National systems of innovation: towards a theory of innovation and interactive learning[M]. London: Pinter, 1992.

[8] NELSON R. Technical innovation and national systems national innovation systems: analysis[M]. Oxford: Oxford University Press, 1993.

[9] ROBERT D. ATKINSON. Understanding the U.S. National

Innovation System[R]. 2020.

[10] SCHUMPETER J A. Bussiness Cycles[M]. New York：McGraw-Hill，1939.

[11] 戴志敏，郭露 . 国家产业创新体系与金融产业融合：基于英国的经验 [J]. 中国科技论坛，2011（5）：149-155.

[12] 房汉廷 . 科技金融本质探析 [J]. 中国科技论坛，2015（5）：5-10.

[13] 付保宗，周劲 . 协同发展的产业体系内涵与特征：基于实体经济、科技创新、现代金融、人力资源的协同机制 [J]. 经济纵横，2018（12）：2，23-33.

[14] 佩蕾丝 . 技术革命与金融资本 [M]. 北京：中国人民大学出版社，2007：18-19.

[15] 秦军 . 科技型中小企业自主创新的金融支持体系研究 [J]. 科研管理，2011，32（1）：79-88.

[16] 格鲁伯 . 美国创新简史：科技如何助推经济增长 [M]. 北京：中信出版集团，2021.

[17] 弗里曼，卢桑 . 光阴似箭：从工业革命到信息革命 [M]. 沈宏亮，主译，北京：中国人民大学出版社，2007：151-153.

[18] 胡志坚 . 信息技术革命的演化趋势 [J]. 科技中国，2020（1）：1-3.

[19] 殷剑峰 . 比较金融体系与中国现代金融体系建设 [J]. 金融评论，2018，10（5）：1-15，122.

[20] 休斯 . 基因泰克：生物技术王国的匠心传奇 [J]. 中国生物工程杂志，2017（3）：98-107.

[21] 张明喜，魏世杰，朱欣乐 . 科技金融：从概念到理论体系构建 [J]. 中国软科学，2018（4）：31-42.

[22] 张明喜，郭滕达，张俊芳 . 科技金融发展 40 年：基于演化视角的分析 [J]. 中国软科学，2019（3）：20-33.

[23] 张俊芳，苏牧 . 科技金融生态系统指标构建与国际比较研究 [J]. 中国软科学，2022（7）：28-37.

[24] 张岭，张胜 . 创新驱动发展战略的金融支持体系 [J]. 西安交通大学学报（社会科学版），2015，35（6）：24-29.

[25] 赵昌文，陈春发，唐英凯．科技金融 [M].北京：科学出版社，2009.

[26] 马骁．中美两国证券监管制度比较研究 [D].长春：东北师范大学，2013.

[27] 宋丽智，胡宏兵．美国《多德—弗兰克法案》解读：兼论对我国金融监管的借鉴与启示 [J].宏观经济研究，2011（1）：67-72.

致　谢

在完成这部关于中国特色科技金融体系的著作之际，我满心感慨，诸多感恩之情涌上心头。

我要诚挚地感谢我的学术引路人与单位的领导。在清华大学经济管理学院技术经济与管理系攻读博士期间，我的导师雷家骕教授以深厚的学术造诣和严谨的治学态度，为我打开学术研究的大门，老师们的教诲引导我在科技创新领域不断探索。在中国科学技术发展战略研究院工作期间，科技部三司领导和中国科学技术发展战略研究院领导给予我充分的信任与支持，让我有机会主持和深度参与了百余项重大调研和重大科研项目，在实践中不断积累经验、提升能力，这些经历成为本书创作的重要基石。

感谢那些与我并肩作战的团队伙伴。在持续16年的全国创业风险投资机构统计调查及国家高端智库课题"构建中国特色科技金融体系和多元化科技投入格局的政策机制研究"等项目中，大家齐心协力、共同钻研。面对复杂的数据和棘手的问题，我们一起查阅资料、分析案例、探讨方案，每一次的头脑风暴都为研究带来新的思路。没有团队成员的无私奉献和紧密协作，就没有这些研究成果的诞生，也就难以完成本书的撰写。

　　我也要深深感谢我的家人。在无数个日夜的研究和写作过程中，他们给予了我无条件的理解、支持与关爱。是家人默默承担起生活的琐事，让我能够心无旁骛地专注于研究。他们的鼓励和陪伴是我前进的动力，使我能够在科研道路上坚持不懈。

　　此外，我还要感谢为本书提供研究素材和帮助的各界人士。感谢在调研过程中积极分享经验和数据的各地政府部门、金融机构、企业及相关专家学者，他们的实践经验和专业见解为本书增添了丰富的内容。感谢在学术交流活动中结识的同行，与他们的思想碰撞让我不断完善自己的观点。

　　最后，感谢出版社的编辑团队。他们以专业的素养和敬业的精神，对本书进行细致的编辑和校对，使本书能够以更好的面貌呈现给读者。

　　这部著作不仅是我们团队的研究成果，更是众人共同努力的结晶。感谢每一位在我科研道路上给予帮助的人，未来我将继续在科技金融领域深耕，为推动我国科技金融事业的发展贡献更多的力量。

张俊芳

2025 年 4 月 22 日